"In these memory-infused poems, home vanishes and reappears with moving suddenness: 'down the stairs/of clouds,' in the expression on a beloved face, in parks, in songs, in the bones. This work sweeps our gazes across oceans, cultures, and years to explore how our shared human yearnings—for belonging, for connection—persist in the soul. With a full heart and keen inquiry, Umezurike finds tender language for the ineffable sting of departure, the ache of remembrance."

—KIKI PETROSINO, author of *White Blood*

"Uchechukwu Peter Umezurike's *there's more* plumbs the grace of memory, the music of routes through stairs and scarves, silences and stares. Here language laces and weaves through the small pains which build, the quiet graces which relieve. Stories shift from the museum to the land to our eyes; each an aching momentary tender glimpse where, behind the words, *there's more.*"

—DEREK BEAULIEU, Banff Poet Laureate

"Palpating the soundscapes of memory from his homeland, Uchechukwu Peter Umezurike finds Nigeria returning in the wind against a window. The sense-suffused language becomes the homeland. Memories enter the rooms of his poetry in skillfully articulated images. Whether writing about the military dictatorship that existed in the 1990s or mourning the devastation of the Niger delta by drilling, the poet refuses silence. Uniquely, Umezurike's dissent coexists with extraordinary tonal tenderness, as in 'The Old Way,' one of the best poems about nostalgia I have read. Rupture, heartbreak, hope, and efflorescence co-exist in Umezurike's unguarded lyrics. His brilliance disarms the mind."

—ALINA STEFANESCU, author of *Dor* and *Ribald*

"In *there's more*, the reader is rhythmically lulled into coming face to face with the realities of a world that centers the voices of the global majority. Through the shapes and words that dance on the page, we become enchanted by an exquisite cadence that takes us into the psyches of the dehumanized and the disenfranchised."

—V MASON-JOHN, author of *I Am Still Your Negro*

"Uchechukwu Umezurike in *there's more* plumbs the depths of human emotions by creating poems that are touching, stunning, powerful, brilliant, tender, and heart-rending at the same time. In his hands, a poem which is often a small, discrete thing, becomes an entire universe of words—novels, songs, treatises, and quiet declarations of rage. The reading of each poem causes my breath to be stilled, and I sit in wonder, and let the beauty, luminescence, and subtle sadness from these words caress my heart. 'Home is What the Tortoise Bears on Its Back,' is an example of Uchechukwu's mastery. In a few lines the author conjures up mythic tales from the time before time, middle passages, civil wars, migrations, gardens of Eden, love stories, exile, hard life, a kick-ass attitude, and a necessary resilience. In *there's more* Uchechukwu reveals that he is a poet of first rank."

—AFUA COOPER, poet and author of *Black Matters* and *The Halifax Explosion*

"'What is home if it's a river,' asks Uche Peter Umezurike, in his astonishing new collection, *there's more*. The superb poems that inhabit these enchanted pages display the immigrant experience in a manner that is simultaneously vast and yet introspective, where 'a poem about home is the mother struggling with the shell on her back.' This is a colourful, creative treatise on juxtaposition and place, where 'the parade of pines' and 'the way snow climbs down the stairs of clouds' mingle seamlessly 'sharp and sweet as cloves' with 'the gnarled cotton tree where memories of old fathers water the roots.' This is a world where udara trees, ravens, mangoes, bones, snow, and kola nuts find kinship with each other. Umezurike tantalizes with a skilled poet's turn of phrase that is 'precise like a smack.' I am thrilled for this alluring and magnificent poetry collection."

—MICHAEL FRASER, author of *The Day-Breakers*

"It is not only the soulful agonies of lost home, intimacy, people, and places, not only (to paraphrase the poet) the noiseless arrival of nostalgia that leaves a shroud behind, not only the angst of living in the exile of one's own desires, in a place of one's own escape from the ruins of home. It is not only the haunts of the memories of times past and present. The poems of *there's more* touch even more on the very thing of human social life: the character of experience."

—CHIGBO ARTHUR ANYADUBA, author of *The Postcolonial African Genocide Novel*

there's more

there's more

poems

Uchechukwu Peter Umezurike

Published by

University of Alberta Press
1–16 Rutherford Library South
11204 89 Avenue NW
Edmonton, Alberta, Canada T6G 2J4
amiskwaciwâskahikan | Treaty 6 | Métis Territory
uap.ualberta.ca | uapress@ualberta.ca

LIBRARY AND ARCHIVES CANADA
CATALOGUING IN PUBLICATION

Title: there's more / Uchechukwu Peter Umezurike.
Names: Umezurike, Uchechukwu Peter, 1975– author.
Series: Robert Kroetsch series.
Description: Series statement: Robert Kroetsch series
Identifiers: Canadiana (print) 2022045521X | Canadiana (ebook) 20220455228 | ISBN 9781772126808 (softcover) | ISBN 9781772127010 (EPUB) | ISBN 9781772127027 (PDF)
Subjects: LCGFT: Poetry.
Classification: LCC PR9387.9.U54 T54 2023 | DDC 821/.92—dc23

First edition, first printing, 2023.
First printed and bound in Canada by Houghton Boston Printers, Saskatoon, Saskatchewan.
Copyediting and proofreading by Peter Norman.

A volume in the Robert Kroetsch Series.

University of Alberta Press is committed to protecting our natural environment. As part of our efforts, this book is printed on Enviro Paper: it contains 100% post-consumer recycled fibres and is acid- and chlorine-free.

University of Alberta Press gratefully acknowledges the support received for its publishing program from the Government of Canada, the Canada Council for the Arts, and the Government of Alberta through the Alberta Media Fund.

Canadä

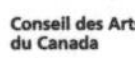

for Michael Ossai Umezurike

a ma ka mmiri si were baa n'opi ugboguru

I am prodigal in cosmopolitan ways; garbed
in the city's peacock colours,
errant son,
scornful of the magic
of songs...

Contents

Home is What the Tortoise Bears on Its Back

Home is what the tortoise bears on its back:

a shell

a heartbeat

a mosaic of routes

a scent of hibiscus

a memory of rainwater

the struggle to stay seen.

The Morning after the Protest

The morning after the protest
downtown
grey
with the reek of sulphur
the air drops its weight
onto my chest
and *go back*
is what remains
of the shrill graffiti
on our street littered with charred
effigies.
I see my neighbour
feeling for cracks on his windshield
and ask if his children
will be attending school
and he says his English
water sloshing around a calabash
more fractured
than mine *if not. for home. I go.*

Postcard from a War-Torn Village

so great is the hunger
of bullets that blood
might not quench it...

simply
by searching the clouds on her forehead
think you can tell—

see it locked in her bony arms
lips pinched tight
on her dark nipple

green flies buzz on its eyelids
she can't even lift a hand
to shield her sickly child—

and you think
you know the force of her pain?

The Wind Skulks at My Window

The wind skulks at my window
humming on end:

A poem about home is the father gazing
at clouds shaped like egrets.
A poem about home is the mother struggling
with the shell on her back.
A poem about home is the scent of a scarf
teased from a lover's neck.
A poem about home is the gut of a teabag left
a little too long in hot water.
A poem about home is Oguta Lake running
her fingers through your toes.

The Walk in May

Morning turns me glum from stacking files.
So I slip out of the old building by the river trail
and linger in the dappled shade of an elm.

The lively wind of spring brushes my ears.
Across the bridge, clouds idle.

A butterfly falls on a bellflower,
a light shade of lavender.

I suddenly feel as though I can climb out of my body,
but a car pierces the stillness around me,
its screech long and urgent—
a forewarning.

I watch a sixtyish old man lag behind
two joggers wearing headphones.
Flushed and winded, he says, *It is nice, isn't it?*
and staggers along before I can nod.

I shun the wooden stairs
snaking down the grassy slope
and start along the gravel path
through the scent of maple trees
where ants camp in hollows of driftwood,
past the scarred face painted
on the wall, tongue lolling
at walkers, runners, stragglers,
to the deck where a pastel-haired woman
in a spring jacket sits, solitary,

captivated by the mallard
squabbling on water
tan with old debris,
the memory of winter's thaw,
yet shimmering like trout in the sun.

Standing at a distance, the length of two arms,
I want to say to the woman,
It's nice, isn't it?
I want to say the words without motive
or meddling
but a bird rustles the bush,
interrupting me with its call.

I leave the woman to her solitude,
the scent of wet foliage, and turn briskly
to another trail, where I come upon a man
thin as a finch, in a camp shirt,
plaid shorts, and black sneakers.

I edge out of his way, warming to a smile
when he stops as if recognizing me,
his face small and red,
his eyes a bay of blue.

And he says,
I'm gonna shove my fist up your ass.

The air feels as if I stumbled out
of an elevator a second ago.

I stand there, watching him blur out of my sight,
a distant turn in the woods.

Have I imagined him? Or his words?

That is how it happens to some folks—

like the boy who groped a woman
before leaping off the bus.

The man bolting across the road
seconds after knocking down another in a deli.

Or the woman whose head covering
a young girl tore off while they sat waiting
to see the doctor in a clinic.

The dark clouds huddle.
The old building looms behind me,
the safety of my cubicle.

I continue my walk,
picturing the man at dinner
asking his son to pass the dessert.

Nomads

She was no tribe of mine, her accent
tinny, foreign. Her hair hung
loose, dust-speckled; thick
furrows wormed
her forehead, eyes of lost love;
cheekbones stuck out, sharp
as pebbles. Those clothes
like a spool of yarns
sheathed her lean body
as she swayed, a bowl in hand,
by the bus with her children.

A passenger murmured,
I wonder who their father is, and tossed
a rumpled banknote into her bowl.

Suddenly
I saw Mom seated on the sofa,
my siblings nestled at her side,
and thought of those other Africans
who travelled roads and rivers and hills
to beg for bread in my land
when some of us pinned
our dream on Express Entry and exile.

The Language of Guns

I did not understand the language then—

dawn started with dust all over,
Papa snarled at the sudden trucks,
Mama hushed him with proverbs,
sisters and I peeked from behind the door;

noon fanned the air with fire,
the aliens pitched their khaki tents
at the gnarled cotton tree where
memories of old fathers water the roots;

evening caught itself in a daze when
Papa raged against his tethered land,
Mama spilled the soup; our fingers
quivered in stutters of prayer;

the aliens spoke their basic language—
a monosyllable that blasted
Papa's blood across Earth's lips,
and emptied Mama's mind into the moon.

Names

The new teacher slides her long fingers
under the spiral notebook
on her desk, thumb pressed
on the top hardcover,
and lifts it
delicately,
as she would a wineglass.

Hair sweeping her shoulders,
she flips through the pages
with care and grace,
as someone who, upon seeing
a beetle twitching on its back,
legs in the air,
will stop and gently flip it.

I slouch in my chair and trace her dress
in my mind:
beige, square neck,
cascading down
her knees.

Flowers blossom on her dress—
yellow, orange,
all shaped like trumpets.

I wonder
what names those flowers go by
when she starts calling ours:

Nicole. Penny. Bill. Patti.

In the sepia room of grade nine students,
all sitting quiet behind their desks,
her voice is slow music
slipping in through a door
barely open.

Judy. Don. Ann. Matt.

I sit up and listen for my name—
charmed by how
she cradles each word,
drawing out its syllable,
then letting it all glide
off her tongue.

Norman. Sam. Denise. George.

I imagine each name called
as a tiny white fish
in a blue lake,
fins so white they look translucent.

The teacher stalls at a name or its sound,
a crease in the fabric of her face.

Palms tingling, I wait for her
to slide her tongue around
the lilt of my name,
unlace its consonants.

The teacher lifts the green moons
of her eyes off her notebook,
skirts the space where I sit,
and asks if anyone has read
a Shakespeare play,
her smile slight and gradual,
as when a toddler
puts one foot in front of the other.

She closes her notebook,
lays it on her desk,
while I sit there
as if in a blur,
wanting to raise my hand
but recalling the face
of our PE teacher
who brushed past me
to applaud the white girl
who finished the hundred-metre race
second, behind me.

On Their Evening Walk through an Alley

On their evening walk through an alley,
the sky bleeding like beets blanched in a sieve,
        a couple find a girl young enough
        to be their granddaughter
sprawled on the asphalt,
her skin the colour of roasted beans.

The couple ponder the girl:
she could be drunk; she could be dead.
        She could be kin to neighbours
        whose names swell like waves rocking a boat.
But she looks nothing like us, the woman whispers,
and they veer toward the lit street.

The Old Way

Three generations sit around the table
before a cloud of cocoyam soup,
drenched in its aroma
of fermented castor seeds,
for which my children pour their distaste
like a mess
of syrup on pancakes.

They swell their cheeks, plump like apples,
eyes brown and bold.

My wife shushes them with a smile
glib as a shrug.

My mother opens her mouth to speak,
and I remember her callused hands,
the care with which she displays food,
our food's journey across the Atlantic,
despite the hassle of borders and body search.

My father stares at me.
I stiffen my calves and quietly turn
toward the window
beyond the looming storm
and feel at once that
something contained has returned—

this is how the past—I mean,
nostalgia—
sometimes arrives,
not like waves rolling over
a boat of people

but the way snow climbs
down the stairs
of clouds

with numerous
cold feet,
noiseless,
leaving behind a shroud.

Ahamefula

She never thought she could lose her husband
to drunkenness soon after the haulage firm,
where he'd worked without saving a coin,
packed up. When she brought their baby home
and found him on the carpet gazing up at them
through a haze of recognition, too drunk
to lift a hand, she didn't prod him
or wait out his daze. She plucked a ripe fruit
from the tree—that udara tree in their compound,
sturdy with the care of several old fingers—
split open the fruit, squeezed sweetness into
the tiny mouth and whispered a prayer.
Then she held the baby to eye level
and called it—Ahamefula.
The boy grew up like that tree.
Twenty years later, his father now dead,
I saw him, by chance, at the mall.
Ahamefula looked dapper
and settled. He spoke with a lilt
as if mindful of the heft of word,
shaving each syllable, smooth as wood.
I heard in his voice how distance
clipped accents as we recalled mischiefs.
Midspeech, he spun at the sound of a name,
so toneless. I was about to think he'd turned
only out of curiosity, when a girl, with skin
like freshly cut pawpaw, sailed into view
and latched onto his arm, flicking
chestnut hairs off her face.

I caught a smile on the sheen of his face.
Ahamefula introduced us to each other.
The girl called that name again, and I
remembered the story of how
his mother had let his name lift in praise
to the sky because of what she thought
she had lost—or might lose.
Now, we three sat at a table
in the food court. Ahamefula and I laughed,
the girl sipping bubble tea and calling him
by that name every minute or so.
I almost asked him if he'd heard how
his mother had wailed while zealous men
hacked down her tree to make space
for what was new. Roots left in the sun to wilt.
We laughed more and mapped places to visit
in the coming summer.
I watched them leave—
Ahamefula walking with flair, the girl draped
like a pelt across his arm, the name he now bore
clinging to her lips. I headed for the exit
and rolled my name over my tongue,
feeling its timbre as if
to flatten its history.

On Slicing a Mango One Midday

the scent of ripe mangoes is enough—

enough to yellow the moment
round with the impulse to forget,
to eat and expend;

tangible enough the ripeness
that pulps a moment of hunger
into a little stream
dripping
through fingers;

full enough, the scent
of ripe mangoes
is just full enough.

Neighbours

I envy nature's nudity in winter, how snow
clothes the earth, but leaves it bare,
a bareness unlike what summer reveals—
an excess of skin.

I belong to this whiteness
and all that nature allows
in every season and every place. I know
what freedom looks like—

it is in the flesh,
the freedom to delight
in one's skin, without scorn,
without the glare of surveillance.

One midday, in a summer
of masks and protests, I wandered
to my window, to fill my lungs
with air untainted

by politics and rage
and saw, naked on the balcony
across from mine,
a senior. It was an accident

that I saw him naked,
but I was reminded
that one's body
is a country of its own.

I still have on my eyeballs the image
of old bones feeling for the sun,
though what flickers in his mind
those long days on the balcony

is a curiosity to me.
Did the lockdown unfurl him, too,
as it did to some people
across the nation?

Perhaps there is something to be said
about aging
and how the body strips itself
of property

or propriety. Aging has freedom all its own,
a form of freedom.
Now, the snow is a dozen still wings
on the leafless maple tree

outside my window.
The urge to feel
the static in the air kindles my blood.
I pull on my jacket, toque, and boots.

Shunning my gloves, I sail out
of the heating in my home. Stand on the porch.
Stretch next to the tree
the whole of me. I extend

into the bluff of the sun, give
my fingertips
to the hiss of wind.
In my fogged-up glasses, I'm

a sapling nourished
by the shadows of trees,
but I hear the crunching nearby
and stir to see another neighbour—

armoured against the weather—
panting and shovelling snow
off his driveway. He lifts
his head, keen as a thrush

perched on a dumpster.
I let fall my arms and nod,
smiling at him,
but he surveys me

from behind his balaclava,
as if he's realizing now that I live
in the townhouse next to his,
though he tends to chat with me

about wind chill and icy roads
and never about the new cases,
the attacks on residents
dark like me, or the grief haunting the city,

even when I wish we would talk
about anything
other than the weather.
Then he bobs his head, birdlike,

murmurs something
about a cold snap coming,
and goes back to his task, as though
I've only succeeded in holding him up.

I fold away my smile, push my door open,
the air inside a welcoming flame,
and I think of how a stare, a silence,
leaves one feeling exposed.

Spilling

is there something philosophic
about rocky groans
when you tunnel
earth's bowels
for hydrocarbons

sweet or sour
crude is crude
no poetry
derives from oil flares

slowly
dying
of what use are fish
in a creek
when the sheen has spread

think of dagger in the hand of Valdez
Little Buffalo
Ogbudu
Adje

there's no explanation
where dollar crushes responsibility

no insulation
when the simple river wears a rheumy eye

nothing's fresh about the swamp
when leaching begins

no salve
for the eel caught in a stunned gasp

no repair is large enough
for my flammable land

no logic is needed to explain
why the delta is reduced
to one rapacious drill.

Coyote Down the Valley

during your usual walk
in September when the sky is losing its blue
the air is the scent poplars have shed
the trail a rotting carpet
the wood is sparser now count the gaps between grasses
hear the fall of your footsteps
until you're surprised by another sound
a swift rustling across your path
you stop he watches from the other side
his fur a lighter brown than yours
you like to think you're not animal
you're never territorial
this *here* is myth in the flesh
that is how you encounter the other—
before you'd grab a stone scare off the trespass
until your grandmother told you a story how the bridge
between sea and land was home she once stood aside
let an iguana ply his way home
now you stare at the story you'll someday tell
an encounter different from the story you once heard in a museum
where a boy pointed up at a shoulder mount of a coyote on the wall
as people skirted around him his father said
Oh, you mean—that?
That's just how people remember.

Tamarack Shade

i.
you watch
taken by its insistence—
the fat yellowjacket
probing bits of cake on the blue mat
the pack of chips lies untouched

ii.
this is photographic
yet not every moment is to be captured
like how you once pressed
a fish-shaped pendant
into a lover's palm

iii.
to feel grace—
the grace of soft cotton grass
salaaming the wind—
and to watch aspen leaves
in their leisurely sway

iv.
there's grace of sun
in the pores of skin
once the weather turns
at summer's end

v.
grace is the shape of the everyday
see me sit in the calm
of tamarack shade
while children
shoot water pistols and dodge
each other's shots

vi.
grace of ovate wildflowers
look—those fine thumbs
of yellow on the arnica!
can they ever get
more yellow?

vii.
here's the grace
of sage-green water shimmering
ripples unfurling
in the wake of geese

viii.
six thousand miles span two earths
where you sit
and where your cord is buried
but you see the face
in the stillness of lakes—

always that face
of the man at the window
returning your gaze.

Blooms in June

My daughter calls me over to the window
to see the purple flares on the gnarly tree
whose name I should know.

I could ask the gardener,
with a skin darker than mine,
who sweeps leaves off our porch.

Last winter, as the protests tapered off,
we chatted a minute longer about the cold
that reminded him of aging and a wish
that he had fled his country
in his twenties or sooner.

My daughter and I stand
at the window overlooking
the street, quiet and grey
from last night's rain.

Her voice pipes up:

They are beautiful, Dad.
They are beautiful.

I watch her open-mouthed
at such a minor detail—
a view as banal as a tree in bloom.

A garbage truck groans nearby.
In an hour, I will ride the bus to work.
But now, I squeeze my daughter's shoulder,
awake to moments such as this.

Family Story

Father carries his story after the war
and hunts for shadows in crevices
as if the woman he loves has become suspect.
He is flailing in the lagoon of his mind.

Mother carries her story after her marriage
and traces thorns shaped like clematis
as if the man she loves needs more tending.
She is bleeding in the orchards of her silence.

I stumble on and recast my story,
which I have long carried about in my heart:
a flame I lace my fingers around
and weave into a memento.

The Drawing

The teacher stops at the student's desk,
hoping she has not drawn more stick figures
of boys pointing guns at women
or huts swallowed by fire.

The teacher sighs quietly before the girl,
as if pulling herself together
to wade through a marsh
and pry a lily
out of the tangled grass.

Suddenly the teacher lifts an eyebrow
at the swirls on the paper.
Fascinating, she says.
That's a rainbow in the sky, isn't it?

The girl dips her head,
tracing the edges of the paper.
No, it's a river, she says, carefully,
stretching out the words
to cloak her mother tongue,
the way her father told her.
A rainbow in the river.

The teacher smiles,
still worried about the girl
not looking up when spoken to.
And have you seen one before, Eshal?

Yes, I have. The girl clutches
her crayons tighter.
Every time the oil eats into the water,
the oil from the pipelines.

Fascinating, the teacher says again,
telling herself, *It's a start*,
and pushes on
to the other new student—

The drawing hangs in the hallway
the next day.

Photos on Twitter

i.

strange birds plow
the sky belching
giant grey pellets
larks fly westwards
as if the sirens have
turned loose as if
from machine dragons
convulsing the earth
laughter fades behind
curtains scuttles off
the street losing a mitten
a shoe a cap a red scarf
steam rises from
a colander of beets
in the sink
crushed garlic in the air
water skirts shards
gleaming on the floor
half-eaten dumplings
on plates cabbage soup
spilled on the tablecloth
dripping down
wooden limbs.

ii.

buildings
totter out of ruin
like memories

from sepia photos
new stories arise
from scars of history
today is the disaster
we made of yesterday
tomorrow stares at us
with cratered faces.

The Woman Hunches over Her Walker

She hunches over her walker
counting seconds
before yellow turns red,
the sidewalk surges
with lithe feet,
couples flicker in and out of bars.

She waits,
red leaps to green,
girls flash by
bright like fuchsia,
boys burst upon the eye
loud as bees.

She lags as if the road
is a country
worn with memories,
sore and dark,
green fades into yellow.

The woman lags and watches,
youth come and go
like the train
she used to ride
when she still lived
among fellow refugees who
midway into conversation
drifted home.

Passerby (or I AM NOT WHAT YOU THINK!)

I saw you—

swollen arms flung
over your head, face lumpy
like pears squashed
with bare hands. Your voice
a toothless plea below
the rage of their batons.

The smell of you, carbide in the air,
stronger than the aroma
of fries outside the deli,
the crush of odours around me.

On the ground
next to your clenched body
lay a wallet aglow with blood:
it was the photograph
of a little Black girl peeking out
that grasped my breath.

I stepped back, needlessly,
as the uniformed trio, like some-
thing crazed or prehistoric,
pounced on you.

The sky shrunk
under the lunchtime sun,
traffic groaned along,
onlookers fiddled with phones,
the wind pimpled my face,
your smell persisted.

I turned away
and pictured my daughter
watching cartoons at home.

"I AM NOT WHAT YOU THINK!" is a poem written by Antwon Rose, a seventeen-year-old African American boy killed by a police officer in East Pittsburgh, Pennsylvania, USA, on June 19, 2018. Rose was unarmed when shot.

The Park in July

A white-and-black fur flashed across my path one late afternoon,
ducking under rocks, with a pine cone in its mouth.

I continued walking through the parade of pines, smoothly down the hill,
to the lake, where I had once watched a beaver ruffle the water

under autumn clouds rolling on like a vineyard. The chirr of insects
and birdsong rose along the way. The smell of resin in the air, sharp

and sweet as cloves. I closed my eyes briefly and dreamt my lover's face.
To hold a scent for a minute, a day or more, feel the texture of one's palms,

this is what it means to breathe, to remember what's lost.
A little way off the lake, ferns, like guards, waved green tassels,

wildflowers handed out petals of red stars.
two boys tossed a frisbee to each other, their laughter ringing loose,

like a blessing, through the air. I draped my camera
around my neck and sat on an old bench facing the lake.

The sun cradled my shoulders, soft, the palm of my lover
when she used to ask, *Are you okay?* I exhaled a lifetime

of days onto the yellow crowns of dandelions at my feet.
A bird squawked overhead, wings raised high, a herald.

Close by, the clamour of motorcycles, as if claiming territory,
a salute to freedom. Visitors swarmed the green before long:

some in pairs, others by themselves. Bicycles chimed
randomly behind me, climbing the slope into a crowd of firs.

To sit idle like the sky, undisturbed, if only for an hour,
which is to say summer and solitude rarely go together.

A mother with sunglasses pushed a baby in the stroller,
her Aussie latched to its handle grip. A girl sprinted by

with her spaniel in a pink dress, buckled to her waist.
A man in a faded jersey hobbled behind his terrier,

as if counting off each step,
clenching his will against the pain in his knees.

One elderly couple, in sunhat and fedora,
chuckled as two corgis nipped at a ball.

Three generations of women—daughter, mother, grandmother—
stuck out their palms full of seeds, luring a clique of chickadees.

A boy and a girl paused under a linden tree, nestling in each other's arms,
the way puppies do with their noses.

This is how intimacy begins—or ends—for some.
An ache nudged itself within me,

reminding me of one night in a café downtown
loud with hockey fans, where I sat sipping oolong tea

with a friend gazing out the window,
as if to obscure the bump under her eye

powdered brown and glossy, a bump more pointed
than the one I last saw. When she finally looked at me,

the way moonlight slides over stained glass,
a shadow clinging to her lashes,

she mentioned her partner's name, in a voice slowly cracking,
as if he had shoved ice down her throat,

and I remember her saying, *Love*
can feel like a leash, a kind of tethering.

The Raven

I stand alone in the field,
among the debris of a farmers' market,
ignoring the heat warning,
the faint wildfire smoke in the air,
watching the sun pale in the sky,

when a raven strides over to me and says:
    Draw white circles around your eyes,
    chew a pinch of *nzu*,
    smear your teeth with *ose oji*,
    and peer into the womb
    of dreams.

I snort at the raven:
    Some men engineer dreams that collapse bridges,
    disfigure homes and blacken rivers.
    Other dreams despoil communities as though
    besieged by explorers pursuing new frontiers of gold.
    Such is the power of dreams that care nothing of earth.

The raven nudges me with her left wing:
    Dip your left hand then your right
    in the womb and pry it open.
    The entrails of dreams bear glimpses
    of what is to come, what can be birthed anew.

I recall aloud the song my father liked singing:
    Ala yearns for new yams. *What becomes of the old?*
    River Urashi longs for new fish. *What becomes of the old?*
    The crossroad craves new kola nuts. *What becomes of the old?*
    The delta desires new palm trees. *What becomes of the old?*

The raven cuts me short with a song my mother used to sing:
That smoke far afield is not grass burning.
That red in the river is not the dye off clothes.
That flesh on the shore is not a body of fish.
Consider the crab. Consider its legs.
Consider the snail. Consider its tentacles.
Consider the chameleon. Consider its skin.

I pick up when the raven stops singing:
Mother Crow teaches her daughters to eat grass,
the better to beguile the world of flesh.
Father Rooster bears his weight on one leg,
the better to beguile the world of bones.
Elder Hare has learned to look both ways,
the better to beguile the world of blood.

The raven nods and says:
Tell your restless children,
Europe is the rainbow men chase across the dry.
Europe is the rainbow men chase across the wet.
There is no pot of gold in the rainbow
Because salvation is the Sahara of bones.
Salvation is the Atlantic of bones
Because Europe remains the vault of bones.

Smiling, I remind the raven:
Dead bones shall rise again. *Hallelujah!*
Dead bones shall rise again. *Hallelujah!*

But the raven sighs:
Dead bones shall rise again—but whose bones?

In Igbo culture, nzu *and* ose oji *are used in ceremonies and rituals.* Nzu *is an edible clay or chalk that pregnant women sometimes chew and native doctors, or* dibia, *wear around either one or both eyes.* Ose oji *is also known as alligator pepper and is sometimes served with kola nuts to guests as a token of hospitality.*

Seagulls

Seagulls weave over your head
where the Middle Sea exhales its salt
in your face.

The sky looms a different blue,
thoughts waver between mangoes and olives,
then coalesce—
a consolation.

We call home anywhere we find something to love:
home is no more than concrete and earth.

Now you've made here your home,
distance is not a familiar place,
not like two palms pressed together in prayer,

more like the song you can't stand
remembering
each time you eat an olive
when you'd rather peel the skin
off a mango that tastes familiar.

That's the burden,
every time you raise your head
to glance at the family
browsing the bank
for shells and pebbles.

For now, the burden,
as the Middle Sea slips away
beyond the horizon,
unaffected by such ephemera.

Kinship

you sit on the bench, the sun arched over your back, the air thin and clear, dew on the skin, and out there at the hospital entrance, one can easily miss you, while the world picks up its rhythm, and the building stirs with intent, familiar uniforms flit about, familiar smells haunt the gleaming corridors, across the humming road, trains trundle crosswise, a boy wraps his arms around a girl on the platform, but there you sit, under the vast beige awning, not browsing a daily or your cellphone, but gazing off into the sky, your posture slow, languorous, the price of oil, the prime rate, the futures, nothing unsettles you, not the din downtown against newcomers, the bodies buckling along the border as if there's no terror at hand, no deficiency, no inevitability, and I stare at you, wanting to ask what brings you here, how long you have been here for, why the sky is blue at eight o'clock, and maybe what hurt clasps your gut, but you never once catch my eye, and I'm silent as usual, but behind you, quiet companions, clustered and so rare, hold my sight with bloodshot petals, and I dream of hills I once climbed undulating in the moonlight, goosebumps, but only for a second, only a second, and I move on, nimbly, a thought no more ordinary than the shape of a pear forming in my mind.

University Station

her face pushes into view—chapped, unremarkable—
as she rises with the escalator,
as she bears her mop,
bucket, and wringer.

lemon and lye smell assail the air,
cling to the back of my throat;
the woman has left the tiles shining again.

I bound down the stairs, brisk sidesteps
'round the "wet floor" sign and the drafts
of motley bodies
sweeping toward class, streets, anywhere.

this woman's face bares little,
conjures a crossing,
signals thirst
and fumes she's inhaled over the years,
how dim the road runs, I wonder.
dimmer than wherever home is.

what is home if it's a river?

and those small distant eyes,
what part of the motherland are you from?
how many fathoms did you cross to arrive?
how much time has washed through
your fingers, callused
by bleach and cold?

we cross each other's path often,
and I picture the nod men give one another.

there's a bridge my feet feign to cross

as my father would say
(after he went to war and
came back with someone else's mind).

I hear the pulse of his late voice still:

son, there are crossings without terminus
son, there are wounds without scabs

bones in the crater,
bones underwater,
bleached beyond recall.

sweeper of stairs and elevators,
sometimes I scour the news
for a piece of home:

did you hear about the teen
who spat at one of you—I mean—*us*?
or the border agent who struck a child's father
into the air with his truck?
or the granny who saw a girl
attired in our way and
griped about shitbags and skunks?

were there time enough,
we might share some tea,
talk about how to live
between here
and the other side of the sea.

and what we've left:
peppers raw as desire,
scent of mangoes,
hissing tilapia in roadside grills—

but here comes the bus.

At the Food Court in Southgate

the garlic aroma of chicken,
always chicken, clouds the air
and what's left of my sense of smell

while I watch him—thin-haired, stooped shoulders,
his gestures small and slow—
a fellow African nibbling bacon

I wonder how long he's been here
how long he's abided the weather

imagine him like me all by himself
with barely any relatives
in this fierce whiteness.

but what does he miss about home,
the one across the sea?
what stirs him—
is it something as little
as the pungency
of overripe pawpaw?

or the daisies near his house—
how they crinkle after dusk?
or the squelch of clay between children's toes?
perhaps the slap of bodies in the market
and the haggling over catfish?
the old man catches my stare, nods
across the silence between us
a current comes through—
a kinship.

Body of Bones

At least_____ migrants died in multiple shipwrecks off the coast of_____

eyes they don't see

this body of bones tell

ears they don't hear

tales of bones

nostrils they don't smell

bones adrift

bones ashore

bones under sea

mouth, they don't speak

bones breaking news
news breaking bones

bearing histories

hands they don't feel

bodies that the water don't keep

bones the water keep

bones turning to silt

bodies returning to worms

who's to blame for the bones

that not see
that not hear
that not smell
that not speak
that not feel

the sea—its hunger
deep enough

the land—its hunger
deep enough

the boat—its hunger
deep enough

families on the shore—their hunger
they hunger
deep as the ocean

The Sea Is the Bridge

The sea is the bridge between
    home and horizon.
The boat is two lips locked in prayer
    trailing desire.
The moon skims the bodies
    gleaming like fish.
The sea tucks her arms
    around bodies the boat has shed.
The sea. The boat. The moon. The bodies.
    There are fishbones in stories we do not share.

The Sea Grows Its Circle of Stones

i.

The sea grows its circle of stones and relics.
The sea grows a stomach
bloated with plastic and rayon.

ii.

The clam knows the shock of plunder.
We live in a history of shells and bones
where a frontier is an epic of plunder.

Guitarist on the Landing

she sings on the landing at rush hour,
strums a taped-up guitar,
trailing fumes of coffee and cigarettes,
her jacket bleached,
sneakers frayed, hair jumbled, face rucked,
eyes full of distance, and voice like a gift, but

you don't stop to hear her sing, always rushing
against the tide of bodies,
until this evening—

...train momentarily delayed

the loudspeaker voice scrapes your ears,
sighs of commuters like gnats,
odours so treacly you nearly spit.
should you Facebook or Instagram?

meanwhile, her song is in your bones,
her music is of the broken limbs and healing,
and wound, tears, and hunger:

a father whose mind is a raft at sea
a mother who sees shrapnel in her sleep

a daughter seeking love in syringed arms
a son desiring blood wherever he goes

an uncle whose wound is as fresh as the world's
an aunt who sifts dirges from the throat of lakes

man—his ears thrum with groans of muffled babies
woman—her face tells of scars behind closed doors

there are bodies hid in the plains and shallows—
my sisters with skin dimmer than salmon

there are photographs and wreaths and candles
doors no feet will step through again

the train finally arrives,
and bodies nudge you aside.

next stop: Century Park

you stumble onto the train,
wishing someone could buy her a guitar
for $200—an amount
she might never piece together on her own.

Bus Stop

i.
A magpie worries a peach in the grass.

The tang of newly cut grass
in the humid air
scratches my throat.

I suddenly remember the old country
and my uncle smoking weed.

ii.
We sat in the balcony one evening
watching the moon
unfurl over us
when he called my name between puffs
and said *picture the sky*
taking off her clothes

iii.
The magpie heads for a tree
as two women appear on the sidewalk
and stand in front of me
chatting *yeah, I feel naked if I am heading out*
without any fragrance on me

I think of some people
whose skin
leaves them feeling naked.

In My Father's Shoes

i.

His face is the memory of my father. I start from his form,
a fish ebbed out of the water of sleep. *Are you...?*

His voice is a knife's tip, as was my father's:
What does it matter whose body I walk in?

The air hurts my nostrils—
in my room, the air warm and dry as a slap.

Outside, the skin shrinks from frost.
Go away, then. I bury myself in the duvet.

The duvet smacks the floor with a flick of his wrist.
But tell, how much time do you have?

I can tell only once I am out of bed.

He snaps his fingers.
Let's go out for coffee, then.

I am quick as a dot. Off the bed.
He snatches my car keys. Off the desk. *Hop in.*

ii.

We climb slush on asphalt, and he hums
a familiar tune at 81 Ave.
Ever wondered why you get to sing?

I glance around to be sure he meant me.
I don't know that I can sing.

His eyes leave the dahlias in the sky
for the bloom on my face.
This serious shit is some joke to you?

I am no singer. I only write.

White against the window, silences lengthens.

iii.
On Whyte Ave., he points: burly bikers
bragging at a bar-front, laughing as though the city
were a trip they've taken many a time;

a man protests on the curb, his beard long and sturdy:
I'm citizen. Terrorist, not me. I only sit down a little.

The cop lets out a laugh, smooth as his bald head.
How do you know? That's for me to find out, mister.

One airport scene begins to bud in my head,
but the mock-parade of preschoolers
along the sidewalk dispels anger:

Summer, please come.
Winter, please go...

iv.

Right on time. We find ourselves in a café,
slouching across each other, between us stands a face
more Mexican than Filipino, her voice,
too much syrup on pancakes: *May I take your order?*

My father's double picks up the daily. *What's news?*
Pardon me? Chestnut eyes level on him.
London Fog. He smiles away her confusion.
My spine straightens. *Green Mango.*
He puts away the paper. *Flames lost to Oilers.*

Squelch—rivulets of snow on the road.
I hear him say:
What's new under the sun, Peter?
I frown.

v.

He stares ahead of me, familiarly,
as would my father when he mumbled
about the war in future tense.
He tosses what's left of his latte
down his throat and says,

The women of Lesbos and their god.
The men of Lampedusa and their altar.
What does the island know of bones?
What does its people know
of bones beneath the flow?

A village adorns itself
with bones from the water's gut.
And whose bones are those?
Whose bones are those?

vi.

I wake to light between the slats,
the tang of berries on my breath,
the stink of sweat on my shirt,

and the mind that I just rode
with a man who's travelled here before

whose poems told of the war
my father mumbled about

only in our dialect.

Origin

On the train, he presses his face
against the cool
of window glass.

Then he turns to the woman across him

and asks, *Where are you from?*

Canada, she murmurs,
eyes levelled on her paperback.

He peels his auburn face
off the pane—

No, originally?

Earth.

She catches his gaze,
dark-haired woman,
her smile sure,

precise like a smack.

A Word with an Edge

I fear anything with a point
a blunt knife
dangling
on the countertop
nail on floor
needle on sofa
a stray pen in my bed
toys on the stair
broken
their jaws open
the eyes of my lover
when she bristles
cheeks taut
things with an edge
taken for granted—
but all these
dim in my mind
once one of those people
who mocks difference
sights me
at a café
and flings a word
with teeth
at my skin.

Humming Nina Simone on the Train

The couple remind you of something to live for. Hear the sound of their kiss,
a moan lips barely muffle, redolent of last night's rumpled sheets.

The snarl through the tunnel reaches earshot.
Steel python slithers up, hissing to a stop. Bodies shift; agility

climbs into limbs. The man and woman hug like forever.
The man plants a souvenir kiss on her brow. *You are everything*, he whispers.

His voice, like husks crunched underfoot along the way to the station.
Note the smile on the woman's face: it is a petal newly unfurled; delicate, it craves care.

You skirt bodies pouring out of the serpentine insides. The man glides in next to you.
Grab a strap while he leans against a rail. Discreetly watch him watching

the woman through the glass door. The python suddenly gripes, crammed with
bodies and odours. It judders its sinuous length along. The couple hold

each other's eyes. Follow the line of their stare
until the tunnel swallows light and casts you into expected glare.

Nina Simone stirs your thoughts: *My baby just cares for me.*
To love is always to lose—to put oneself, or the other, at risk.

Two stations later, the man steps out too gaily, almost tripping you over.
Sorry, pal, he says. *No worries*, you reply, sure he didn't hear you.

Shoelaces are slack: squat to tighten them. Then you hear someone whistle.
You frown, get up and—the man is already enfolding another woman

in his arms. As you walk by, you hear him say, *I've missed you like sleep*. The kiss
they share is like hunger.

You start humming about getting
the runaround, wondering what form love is, if it is a train.

Or is love a detour without a terminus?

Good Love

last Friday
night in January
while Anita Baker
has your partner
in bed warm
against your belly
snoring against your chin
outside your flat
the street
would be quiet but
for the woman
and the man
lurching
between
the high-rise
and the duplex
voices clenching
unclenching
fists in the cold air
and something
shattering like glass.

Summer Is Gone

with its cheer
open arms and clear laughter
desire on squirrel feet
and tingling flesh

the bloom behind oaks and sumacs
turns the sky into butter
slivered with plums
cherries and oranges

to be young and labile
hear nothing urgent in the earth's groan
what's gone mad
in the waters or at the borders
lands scarred by oil cobalt or local egos

what's left of *us* anyway?

should we trace
dandelion dust on barc limbs
uncounted gold of pollen and rust
in the field where we sit?

inside of us
warmth losing its bite
you—wanting more
me—wanting to keep
what's out and spent
and longing
like petals sucked dry of sugar

above our heads
a bee is an idea
see it turning
quicksilver:
follow its buzz
wherever it leads
gleaning joy
like fuzz along the way

and in the air   winter
        is closing in   quiet.

there's more

i.
your day begins

coffee   croissant   a kiss at the door
hunch over a keyboard   lost in the contours of your head

ii.
but there is more

a family flees Mogadishu in a truck   in Nador   a man skirts the muezzin's call
a woman soothes the heart of a man in Juba   a boy tells his dad about   motley lights beyond Awka
a girl quits the plains of Asmara   a horseman   ferries a woman through the dunes of Dirkou
each blinded by   the shimmering across the sea   the shimmer of Spain

iii.
from the rooftop a son   maps the stars   longing for what's across the sea
he's dreamt of plenty   he's dreamt of   what's on the other side where   the plums look redder
than the sun   within reach any hand   could reach out and pluck   the giant tender sun its redness
in the face of the sea   across the sea he's been told   there is more   there's more plums
for one mouth and plums rot   plums rot in plenty   and he's dreamt his mouth brim
with juices of a different plum

iv.
in the doorway a daughter   measures   the hours in her mother's breaths   how much longer
she prods the wind   dreaming of peers   charmed to the other side where   the apples look redder
than the sun   within reach any hand   could reach out and pluck   the giant tender sun its redness
in the face of the sea   across the sea she's been told   there is more   there's more apples
for one mouth and apples rot   apples rot in plenty   and she's dreamt her mouth brim
with juices of a different apple

v.
one brother pawns his family's amber   the shadows bear   the slink of his steps across the medina
the twenty-four years he's known a blur   one sister slips out the hedges   the naira warm
between her breasts   like her twin sister she thinks   it's best her father   is left by himself

vi.

in Garabulli   bodies bloat on the beach   some drift into Tarifa where
pink carnations   await odd remains   the surf of Trafalgar   has washed away   the shapes
of love in the sands   washes afresh   what's left of a three-year-old   whose parents
no one can retrieve   but an old lady drops   lilies at its blistered feet   in Bodrum a girl looks asleep
in the sand   face sunk an inch   half of it gnawed by fish   her parents alone   suffer agony

vii.

under the low sun of Karpas   the gleam and shale of dusk   a boat bobs empty   next to a body
by a buoy   another body has seaweed in its mouth   one has froth between its eyelids
a photographer steadies his hands   framing in a lens the mess   crabs and shrimps   have made of flesh
the image   may not rouse boys and girls   stamping down   the city hall   a beachcomber
dawdles before him and says   *a shell holds a memory of water   but the sea is sanctuary for some*

viii.

an uncle in Zarzis   who's known the heart of the sea   the dark belly laugh of water
lays out headstones   behind a grove of olives   a tourist car trundles by   a boy says
mira Papá hay un cementerio   his dad stuns him with an eye   from the front seat
an aunt unmoved   by the loops of gulls above   speaks of children of a time lost
the echoes of distant waves

ix.

half-risen from fatigue   a coastguard lists at the liquid edge   his mind
a funnel of last week's exhibit   of coffins bare of bodies   close by a nun chokes her dream
of mermaids and their stash of bones   stumbles shoeless through driftwood   touching a rosary to her lips

x.

on a cliff in Lesbos   a priest stands and chants
Lampedusa is a path of bones   (*Sweet Mother of God*)
Lampedusa is a path of bones   (*Sweet Mother of God*)
and the Middle Sea builds   the Middle Sea builds
its own body of bones
its own city of bones.

Slush

Last week took shadows and folded them
into days and nights
between intervals
          the sun hung behind slate clouds
          short of fire—
the way you felt
fighting gloom,
distance and sore knees—

snow, yes—
there will be no snowfall today

sky nimble and blue
and the warnings have ceased

finally—

there's relief, even cheer
          in the air
          on the radio—

the flu has people in its fist
lockdown is a bitter herb on the tongue
political anger lurks downtown—

but snow is everywhere
whiteness
like a glare—
          (*some kin know to avoid*)

children bask
in lakes of snow
        children are happy
people walk their dogs
warm to each other
        dogs trot
        after their kin—

tell the birds
whatever branches they are perching on
dreaming of songs
to be happy—
        (*as if summer*
        has happened again
        you can grow lax and lustful
        and lose anything
        and lose nothing)

this lull of warmth
        is breath
        tingles—

and you're sitting on a bench
in the park
        a man of two cultures
        breathless
from long walks you take
even with a spine that aches

and you're here, still living among strangers,

learning late (*how to be like them*)

without a dog (*to walk beside you during sunsets*)

without a partner (*to fret about your nails callused with age*)

denying the loss

no parents wish to name—

still you belong—

like a dog

a bird

a loner—

because you feel the air

on your skin—

as bodies

daring accident

free

fall

down

the

delta

of ice

that gleaming little

slope

on which adults gather

watching children find joy—

suddenly—

a boy in snow pants
whooshes down the slope
            into a mound
            at the bottom
scattering chunks of snow far and wide—

his mother whoops
            and—
            just like that—
she stops turns
as if she has sensed you
and catches your eye—
            (is she wondering if
            she—being neither white, nor Black like you—
            is also out of place?)

she glances away
breaking ties immigrants forge—
you know she's seen
            through your eyes
the world
her *child* will face—

certain

like snow thawing
in the coming days.

Compensation

for demolition of the iroko tree
a crisscross of pipes in the yards

the company built a modern market
some classroom blocks

set up a public tap
tarred a major road

and the remnants
from the coffers of its charity

shared among the puzzled fathers
the listless mothers and their restless sons.

Wayfarer, You Have Seen Again

Wayfarer, you have seen again
River Urashi shimmer with slick,
a family of fish gasp for breath,
a raft of ducks on its head, flailing,
maize and yam char from flares,
the sky raining soot of dreams,
the young so seared their minds spool,
while the company and chiefs swap memos,
and you ask,
who would choose to leave home?

Acknowledgements

Gratitude to the editors who published earlier and slightly different versions of these poems in the following journals: "A Word with an Edge" in *Studies in Canadian Literature*, "The Raven" in *Ecozon@*, "Humming Nina Simone on the Train" in *Chiron Review*, "The Language of Guns" in *Washington Square Review*, "Kinship" in *The Angle*, "On Slicing a Mango one Midday" in *Capital City Press Anthology*, and "there's more," "In My Father's Shoes," "Ahamefula," and "Coyote Down the Valley" in *Isele Magazine*.

I enjoyed immense support while writing this book. I appreciate my family—Chioma, my wife, and our children, Munachimso, Chimdindu, Chiziterem, and Chimdiuto—for their love and patience. I am grateful to my mom, Rhoda, and sisters—Kome, Rita, Kate, and Gift—and my in-laws: Rufus and Mabel, Kingsley, Chizoba, Vanessa, and Emeka.

Special thanks to Lahoucine Ouzgane, Chielozona Eze, Clara Joseph, Michael O'Driscoll, Cecily Devereux, Malinda S. Smith, Christian Olbey, Hendrik Kraay, and Kevin Hutchings for sundry intellectual engagements.

The poems in this book benefited from feedback from several writers, including Marilyn Dumont, Christine Stewart, Chigbo Arthur Anyaduba, Ejiofor Ugwu, Olajide Salawu, Afam Akeh, Cajetan Iheka, Amatoritsero Ede, Cornel Bogle, Peter Akinlabi, Ismail Bala, Kit Dobson, Kimmy Beach, Dami Ajayi, Ikhide Ikheloa, and Peter Midgley. Thank you so much!

I am grateful for the community of support and friendship with the following people: Christina Nsaliwa, Jasper and Jeannie, Brian and Francis, Eric and Ruby, Mike and Jane, Alistair and Jenny, Peter and Miriam, Peter and Irene, Andy and Catherine, Ken and Ivy, Richard and Melinda, Obinna Ezulike, Abubakar Abdulkadir, Gabriel Ojakovo, Kufre Usanga, Alex Balogun, Uwem Okome, and Prof-Collins Ifeonu. Thanks to Ademola Adesola, Ifeoluwa Adeniyi, Obiwu Iwuanyanwu, and Shashi Kumar.

Thank you, Michelle Lobkowicz, Cathie Crooks, Alan Brownoff, Duncan Turner, Peter Norman, and the University of Alberta Press. Thanks also to the anonymous reviewers and jurors who recommended my manuscript for publication.

Further, I appreciate the University of Calgary, University of Alberta, and the Edmonton Arts Council for providing me with some funding while I was writing this book. Lastly, I thank you, too, dear reader.

Daalu nu.

A través de
mis pequeños ojos

NEFELIBATA

EMILIO ORTIZ

A través de mis pequeños ojos

Duomo ediciones

Barcelona, 2016

Primera edición: diciembre de 2016
Décima edición: enero de 2019

Duomo ediciones es un sello de Antonio Vallardi Editore S.u.r.l.
Av. del Príncep d'Astúries, 20. 3.º B. Barcelona, 08012 (España)
www.duomoediciones.com

Gruppo Editoriale Mauri Spagnol S.p.A.
www.maurispagnol.it

ISBN: 978-84-16634-68-2
Código IBIC: FA
DL B 23977-2016

Diseño de interiores:
Agustí Estruga

Composición:
Grafime. Mallorca, 1. Barcelona 08014 (España)
www.grafime.com

Impresión:
Romanyà Valls

Impreso en España

Índice

A mi familia, por estar siempre a mi lado
de modo incondicional, y especialmente a mi hija.

IN MEMORIAM

A Antonia Cordero, por regarnos para siempre
con su lucha y su ejemplo.

I
Adiós, perrera, adiós

ME GUSTAN LAS MAÑANAS, las mañanas siempre traen cosas nuevas. Alguno de mis compañeros remoloneaba, incluso otros ya ladraban. Yo solía ser siempre de los primeros en despertar, pero ese día todo fue distinto. La verdad, no estaba cansado, no tenía pereza alguna; amanecí como casi siempre, fresco cual lechuga.

Se escuchó abrir una puerta, creo que la principal. Después sentí cómo abrían la del pasillo donde se encontraba mi jaula. Todo era muy extraño, cuando los humanos venían a las perreras solían hacerlo dentro de un orden; primero visitaban –lógicamente– las jaulas más cercanas a la entrada, pero esta vez parecía que tenían un objetivo concreto: mi jaula.

El corazón se me aceleró de alegría cuando escuché la voz de Jeremy y después la de Margaret.

–Vamos, Cross, hoy será un día muy especial para ti.

Yo sabía que en nuestras perreras, a diferencia de otras, eso significaba algo bueno. En resumen, que no te darían matarile, vaya.

Pronto comencé a menear con fuerza la cola y a mordisquear mi colchoneta. Margaret se rio mientras Jeremy me puso una correa y, tirando de mí, me dijo:

–Venga, Cross, diles adiós a tus amiguitos.

Me fui a olerle el hocico a Drim, una labradora negra que estaba como un queso de buena, y es que uno, aunque castrado, no es tonto. Olisqueé todo lo que había a mi alrededor y tuve la impresión de que no volvería a ver, a oler, a pisar aquel lugar, y que cuando se cerrara la puerta de la jaula tras de mí ya no regresaría a aquella perrera nunca jamás.

Efectivamente, la puerta principal de las perreras se cerró secamente, como se cerró también una etapa de mi vida.

No había sido mala época, pero es cierto que allí me aburría a veces y que siempre estaba esperando el momento en que Jeremy, mi instructor, viniera para darme alguna clase. Lo bueno que tenía aquel lugar era que convivía con un gran número de los de mi especie.

Me subieron a la furgoneta de la escuela, esa furgoneta a la que subíamos casi a diario para ir a los entrenamientos. Allí había cinco colegas más, a algunos los conocía de haber dado clase por la ciudad o de jugar con ellos en el pipican.

El recorrido fue breve; desde el interior no se podía ver nada pero yo sabía que no íbamos a la ciudad. De pronto se abrió el portón trasero y apareció la sonrisa de Margaret y, tras de sí, el edificio de la residencia de la escuela. Jeremy le puso la correa a uno de mis compañeros y se lo llevó.

–Bueno, muchacho, tú serás el primero en conocer a tu dueño definitivo.

De repente me vino un cúmulo de extrañas sensaciones. Era como si algunas incógnitas ocultas en lo más profundo de mi ser comenzaran a resolverse. Yo nunca, al menos de modo consciente, me había cuestionado para qué era todo aquello.

Aquella resolución natural y espontánea de incógnitas era mágica y hermosa. Una emoción inconmensurable me embargaba, y todo cobró sentido; supe que ese día y ese momento serían cruciales para mí y me sentí muy especial. Hasta entonces todo había sido como un juego; ahora vendría lo bueno, lo mejor, lo extraordinario.

Fue tal la emoción por el cambio que en ese momento no hubo lugar en mi cabeza ni en mi corazón para pensar en todo lo que dejaría atrás a partir de aquel instante.

Intuía que pronto dejaría, y quizá para siempre, aquel lugar, aquellos amigos perrunos, y mi vida cambiaría radicalmente. Pronto salí de mis pensamientos y cavilaciones y empecé a olisquear a mis amiguitos. Comencé por un macho que era de mi raza, un golden retriever. No me sonaba el olor de su trasero y, a buen seguro, no lo conocía de antes, pues tengo una memoria tremenda para eso y jamás olvido un olor traseril.

Pronto aquel golden algo más pequeño que yo de tamaño empezó a olfatear mi cuello y ambos meneamos nuestras colas alegremente. Se me cruzaron los cables, como siempre, y me subí con una pata sobre su cogote para hacer amago de derribarlo y darle algo de emoción al juego. Se armó un revuelo tremendo y los otros cuatro compañeros se sumaron al cachondeo. Se pudo escuchar el ruido de nuestros collares al chocar contra la chapa de la furgoneta.

Una labradora blanca se salió de la maraña de colas, patas y hocicos que habíamos creado en un instante y, como si estuviera en trance, comenzó a dar vueltas sobre sí misma mordiéndose la cola. Un compañero y yo, cruzándonos una mirada cómplice, nos tiramos encima de ella mordisqueándola al mismo tiempo que ella hacía lo propio con nosotros.

El jaleo fue tremendo, y eso que el espacio no dio para mucho, pero los otros dos perros comenzaron a ladrar y nosotros a gruñir, aunque de alegría. Empecé a olfatear el trasero de la perrita y me di cuenta de que era Mani, una labradora que hacía meses no veía. En ese momento cesé por mi parte el juego, me paralicé. La realidad, el cambio y la nostalgia anticipada me atraparon por un breve instante, y se alternó en mí la alegría y la tristeza, la inquietud y la incertidumbre; aquello de vivir siempre rodeado por los de mi misma especie terminaría para siempre. Sabía que la vida que me esperaba estaría llena de satisfacciones, pero la simple idea de saber que lo que había conocido hasta entonces jamás regresaría suscitaba en mí un vértigo desconocido.

De repente mi cerebro recibía un chute tremendo de adrenalina y, al instante, otro de melancolía. ¿Estaba, quizás, atravesando la inhóspita frontera de cachorro a adulto?

Por otra parte me sentía especial. Los demás perros, los de la calle, tienen otro tipo de vida. Su existencia se estructura de un modo totalmente distinto, su vida es más lineal. Ellos son perros domésticos, sean cachorros o adultos, pero nosotros vivimos por etapas. En esto nos parecemos a los humanoides, que de cachorros pasan una temporada sin pegar un palo al agua, luego van a la escuela, más tarde al instituto, después a la universidad y, de adultos, a currar como Dios manda. La vida de un perro guía es muy parecida, y la única diferencia es que nosotros el trabajo lo tenemos asegurado. Rara especie la de estos locos seres de dos patas que son capaces de asegurarnos a nosotros el trabajo y ni siquiera se lo aseguran para ellos.

Un repentino lametón de hocico a ojos me sacó de mis profundas cavilaciones; así comenzó a despedirse Mani de mí. De nuevo se abrió el portón, esta vez era Jeremy. Nuestros corazones estaban palpitantes de emoción. La escogida fue Mani, y se puso muy contenta; mientras Jeremy le enganchó la correa al collar ella le mordisqueaba suavemente el brazo y le lamía la camisa.

Yo estaba también alegre meneando mi cola hasta que el portón de la furgoneta cortó en seco aquel instante al cerrarse. Me quedé en silencio levantando las orejas, y escuché cómo se alejaba el excitado jadeo de Mani. Comencé a lloriquear levemente, por la despedida o por no haber sido yo el afortunado.

«Marcha, amiga, marcha, que pronto nos encontraremos. Quizá nuestros amos ya se conozcan y estén esperándonos como quien espera un hijo. Camina, amiga, camina. Espérame, que ahora iré.»

Observé que mis otros tres compañeros tampoco estaban muy alegres; se quedaron al fondo del vehículo mientras que yo decidí tumbarme bien pegadito al portón. ¿Sería yo el próximo? No tardé en notar el olor de Jeremy y el frescor de la mañana en mi lomo.

–¡Pero bueno, Cross! ¿Ya estás preparado?

Me incorporé y, por ser como siempre tan impulsivo, puse dos patas por fuera de la furgoneta y, de no ser por Jeremy, que me cogió del collar, allí me hubiera pegado una leche tremenda. Sin saber cómo me vi de repente con mis cuatro pezuñas en el asfalto, con la correa puesta y fuera de la furgoneta. Aproveché para olisquear el tubo de escape y los bajos del vehículo; aquello tenía uno de esos olores fuertes que tanto me gustan. Jeremy me sacó enseguida de aquel festín gustativo con un suave tirón de correa.

Cogimos el camino que lleva a la residencia de la escuela; en aquel edificio era donde dormían y hacían la vida los alumnos humanos mientras duraba su entrenamiento como futuros usuarios de perro guía.

Ese edificio, al igual que las perreras, estaba dentro del mismo complejo, del mismo recinto. Alguna vez habíamos entrado, pero lo más que visité hasta entonces fue la recepción y algún que otro despacho, pero nunca hasta ese día las habitaciones donde dormían los alumnos. También suponía que el edificio estaría dotado de comedor o algo así, pues olía a veces a comida y, desesperado, olisqueaba por todas partes, pero no veía la sustancia por ningún lado.

Tampoco quise desperdiciar aquel día la oportunidad que me ofreció el momento y por el camino comencé a oler algún que otro pis reciente que, humeante todavía, se brindó a mi insaciable hocico. Alguno incluso me era familiar.

Pegué un repentino tirón que hizo tambalear a Jeremy para acercarme a una farola y levantar mi patita, y allí solté casi todo el líquido que llevaba dentro... ¡había que empezar el día a lo grande! Me guardé algo en la vejiga por si me hiciera falta más tarde, que aquí algunos son muy chulitos y van por ahí marcando a diestro y siniestro, y eso no puede ser. Uno tiene que imponerse, que a la mínima se adueñan de todas las farolas y paredes.

Entramos en el edificio y noté el calorcito en mi hocico. Olía muy bien y supuse en ese momento que el comedor estaba algo retirado de la entrada, aún podía adivinarse que por allí cerca no hacía mucho habían desayunado. Tras saludar Jeremy a la recepcionista me subí con las dos patas delanteras al mostrador para verle la cara, pero de repente Jeremy pegó un tirón de la correa y, exclamando un sonoro «¡No!», me quitó la curiosidad de repente.

Seguimos caminando por un pasillo que apareció a la izquierda, luego torcimos por otro hacia la derecha y pasamos por la puerta del comedor... ¡Aquí estabas, canalla! Instintivamente pegué un tirón hacia la puerta, que estaba abierta, y pude ver varios humanos que estaban recogiendo trozos de pan de las mesas y supongo que algún que otro resto del desayuno. Me miraron y sonrieron. Jeremy pegó el consecuente tirón a mi correa a la vez que chistó de un modo autoritario. Con esa bronca a uno pronto se le va el olor del pan del hocico.

Seguí pensando en aquellos mendruguillos durante unos instantes al tiempo que me relamía, hasta que viramos por un pasillo que no tenía salida. No era demasiado largo, tenía unas cinco puertas a cada lado; me di cuenta... ¡Dios mío, es eso, son las habitaciones de los alumnos! Tras una de esas puertas estaba mi dueño definitivo. Me di cuenta de la solemnidad del momento, y yo pensando en los mendrugos de pan... el corazón parecía salírseme del pecho.

Jeremy dio tres enérgicos toques con el puño en una de las puertas de la derecha, la abrió y en el hocico noté el cambio de olor, me relamí varias veces nervioso, embargado por la intriga y la emoción. Aquel era el olor de mi dueño, de mi futuro amigo inseparable.

Ese olor se convirtió desde entonces en mi favorito, me

acompañó para siempre desde aquel día. Yo lo comparaba con el olor que desprenden las galletas dulces que comen los humanos, esas galletas que para nosotros están prohibidas, pero era muy suave; más que oler a galleta dulce mi amo olía a galleta lejana.

Aún me sorprende como, con lo impulsivo que he sido siempre, me pude contener y no me lancé a la carrera hacia él. Me quedé quieto en la entrada, como si quisiera retener ese momento. Jeremy me miró y me dijo:

–Vamos, Cross.

Dándose unas palmaditas en su propia pierna me animó a seguir adentrándome en la habitación.

–Mario, éste es Cross, es un golden retriever, tiene diecinueve meses y pesa treinta y dos kilogramos, es un perro muy grande para su raza. Bueno, muchacho, aquí lo tienes para ti y para siempre.

Jeremy le entregó la correa a uno de los dos jóvenes que había en la habitación. Mario era un chico alto y muy delgado, llevaba gafas de sol y hablaba muy raro; era moreno, con el pelo corto, de unos veinte años. El otro chico, Luis, era algo más bajo que Mario, no llevaba gafas de sol ni tampoco era ciego. Luis era como si estuviera allí exclusivamente para traducir lo que Mario le decía a Jeremy y lo que Jeremy le decía a Mario, pues Luis a veces hablaba igual de ininteligible que Mario y, en ocasiones, hablaba como el resto.

A Mario le tembló la mano cuando agarró mi correa, estaba visiblemente emocionado. Lo miré tímidamente al rostro y pude comprobar cómo apretaba los labios en un gesto de emoción contenida. Impulsivamente, segundos más tarde, fijé la mirada en una zapatilla que había por allí extraviada. Me tiré a por ella como alma que lleva el diablo y moviendo mi cola se la ofrecí a Mario. Jeremy y Luis se tronchaban de la risa.

Mario quiso verificar lo que ocurría dirigiendo la mano que tenía libre a mi cabeza, y, palpando mi hocico, comprobó la hazaña. Se sumó a las carcajadas de inmediato.

Jeremy le dijo a Mario que tuviera cuidado a la hora de dejar objetos a mi alcance, ya que yo era un buscador nato, y que en los primeros meses fuera indulgente conmigo. Que si yo le robaba algo, amablemente me lo quitara de la boca sin darle mucha importancia, y luego, según fuera pasando el tiempo y yo me fuera dando cuenta de que él era mi amo, fuera subiendo la intensidad del tono.

Luis tradujo lo dicho por mi instructor y Mario asintió. En resumidas cuentas: el chollo me duraría poquito.

Jeremy miró su reloj y de inmediato asió a Luis del brazo diciéndole:

–Vamos, Luis, ve yendo a la siguiente habitación, que yo iré a la furgoneta para realizar la siguiente entrega.

Ambos nos dirigieron una cálida sonrisa a Mario y a mí, que allí nos quedamos.

Ya una vez solos, nerviosos y emocionados, permanecimos en aquella habitación, la cual no cesé de explorar con mi mirada.

Había algún que otro objeto que de buena gana hubiese cogido; es mi juego favorito, atrapar objetos y provocar a los seres de dos patas para que intenten quitármelos, pero Mario, ahora sentado en un sillón, no me soltaba la correa y tampoco paraba de acariciarme el cogote.

La habitación tenía una cama, un escritorio, el sillón donde se sentó Mario y además, a través de una puerta de cristal, vi un jardincillo de gravilla que parecía hecho adrede para utilizarlo yo y poder hacer allí mis cositas. Así no tendría que caminar mucho recién despertado cuando saliéramos a dar una vuelta. Aquello tenía pinta de ser muy cómodo, despertarse, que Mario me pusiera mis aparejos (correa y arnés), salir al jardincillo, desfogarme y ¡hala!, a comenzar el día.

Mario, mientras me acariciaba la cabeza, decía cosas en su idioma que yo no entendí, pero por el tono empleado debió de ser algo así como:

–Bueno, pequeño. A partir de ahora seremos inseparables. Yo cuidaré de ti todo lo mejor que sepa y pueda y tú a cambio me tendrás que guiar.

De repente Mario se levantó del sillón y, sin soltarme de la correa, fue hacia el escritorio donde tenía un ordenador. Se sentó en una silla y comenzó a teclear. Al rato apareció en la pantalla el rostro de una joven de unos veinte o veintidós años, más o menos la edad de Mario. La muchacha sonreía y parecía que me miraba.

De todo lo que mi dueño le dijo sólo entendí mi nombre. Ella comenzó a llamarme y a silbarme a la vez que se reía.

A mí, sinceramente, no me cayó muy bien esa chiquilla, tenía un tono cursi que no me gustó un pelo. ¿Sería la novia de Mario? La cosa no comenzó muy bien entre nosotros. Minutos más tarde la chica desapareció de la pantalla. A esas alturas, la verdad, ya no le estaba haciendo demasiado caso.

Mario volvió a teclear y, en esta ocasión, apareció en pantalla una mujer mayor que Mario. Era morena, de unos cincuenta años, y tras la mujer, a los pocos segundos, apareció un hombre de edad similar, de pelo canoso y sonrisa afable. A los dos se los veía emocionados al hablar con Mario.

Al igual que la chica, la cursi que no me cayó demasiado bien, ambos comenzaron a llamarme por mi nombre:

–Cross, Cross...

Mario estuvo hablando un buen rato con esta pareja... ¿serían sus padres?

Al preguntarme esto me vinieron varios pensamientos a la cabeza.

Yo no me acordaba de mi padre, a mi madre sí la recuerdo algo, siempre lamiéndome a mí y a mis hermanitos. De ellos, lo que más recuerdo es su olor, un olor a pelo nuevo y a piel fresca que se mezclaba con un aroma ácido y dulzón. Imagino que los tres cachorros olíamos igual, pero estoy seguro de que nuestra madre nos distinguía. También recuerdo cómo los tres peleábamos para enganchar la teta de mamá cuando teníamos hambre, éramos unos egoístas llorones.

Mi madre era muy tranquila y cariñosa con nosotros, sólo notaba que su carácter se endurecía cuando alguien se acercaba a sus cachorros. Se ponía alerta, siempre alerta.

Me separaron muy pronto de ella para hacerme la operación aquella –creo– y luego me llevaron a vivir con una familia de humanos. En realidad no sabía ni quién era mi padre, pues por allí había mucho golden adulto pululando y podía ser cualquiera; la verdad es que a los perrunos estas cosas nunca nos han importado demasiado.

Alguien dio tres toques en la puerta de la habitación, Mario gritó algo en su extraño idioma y la puerta se abrió. Entró un chico mayor que Mario, de unos cincuenta años, que llevaba una gorra de color rojo y venía acompañado de un perro. Aquel perro, oh, sorpresa, era el golden que conocí en la furgoneta, así que de inmediato me tiré hacia él y él hacia mí. Nuestros dueños instintivamente nos sujetaron, pero a los pocos segundos fueron indulgentes con nosotros y nos dejaron jugar y olisquearnos.

Mario y el hombre de la gorra roja hablaron unos minutos, los dos parecían muy contentos. El de la gorra ofreció su brazo derecho a Mario para salir de la habitación, y la hazaña de cruzar la puerta los cuatro se convirtió en caótica. Juan, que era como se llamaba el señor de la gorra roja, era ciego también.

Thor, que era el otro golden, y yo, no parábamos de jugar, y Juan cortó la tontería al gritar un severo «¡no!», y eso lo entendimos a la perfección.

Nos dirigimos a la habitación que estaba a la derecha de la de Mario en la que había otro hombre de pelo canoso con unas gafas de sol muy extrañas. Era uno de esos seres de dos patas que, apenas habiéndole conocido, ya te caía simpático; hablaba el extraño idioma de Mario y Juan, pero el tono de su voz era agudo, y al hablar parecía que estaba siempre riéndose. También había un perro en la habitación, era otro de mis amigos que esa mañana habían viajado conmigo desde las perreras hasta la escuela, un labrador negro al que llamaban Kem.

Los tres, Mario, Juan y Julio, que era como se llamaba aquel simpático ser de dos patas, comenzaron a explorarnos con sus manos a nosotros, los perrunos, y cada cual quiso ver cómo eran los otros dos perrunos de sus compañeros.

De repente se formó otra escena caótica que se tradujo en una maraña de correas, algún que otro choque de cabezas de nuestros dueños al agacharse a explorarnos y todo ello mejorado con las risas de estos tres humanos.

Nosotros tres, los perrunos, también contribuimos a hacer todavía más caótica y graciosa esa escena al comenzar a menear nuestras colas a la vez que subíamos la intensidad del juego. En ese momento llamaron a la puerta y entraron tres perrunos más con sus respectivos dueños; allí se iba a liar parda...

En unos instantes estaban los seis dueños hablando a la vez e imagino que contándose las sensaciones vividas al conocer cada uno a su perruno.

Mientras ellos charloteaban y charloteaban nosotros jugábamos sin cesar, pero de repente uno de nuestros dueños terminó el juego con un grito autoritario y los demás lo siguieron casi al unísono. Comenzaron a calmarnos y a acariciarnos la cabecita. Ya sentados algunos, y otros incluso tumbados, nos cruzamos miradas de complicidad como si nos dijéramos de modo silencioso entre nosotros:

–Ya nos han fastidiado el juego estos cenizos.

Jeremy, nuestro entrenador, entró en la habitación acompañado de su intérprete; venía a dar instrucciones a nuestros dueños. Jeremy era un hombre de unos sesenta años, era fornido y, aunque tenía porte autoritario, con nosotros siempre fue –pese a todo– muy cariñoso. Habíamos pasado tanto tiempo con él entrenando, paseando, e incluso jugando, que no podíamos evitar que cuando lo viéramos nos pusiéramos instintivamente de pie para recibir algo de afecto por su parte.

Yo noté desde el momento en que Jeremy me entregó a Mario que tuvo conmigo un cambio de actitud tremendo, ya que de repente se terminó cualquier muestra de afecto y en ocasiones hacía como que no se daba cuenta de que yo estaba delante. Con los demás perrunos también pasó lo mismo.

Imagino que todo esto lo hizo para que, poco a poco, Mario fuera quien única y exclusivamente me diera afecto, me impusiera su disciplina y que a su vez yo le debiera absoluta sumisión.

Al principio todo me costó mucho, pero no tardé en acostumbrarme a Mario, me alentó pensar que él sería mi dueño para siempre.

Aunque me considero un perruno afortunado, pues he vivido gracias a mi trabajo como guía experiencias magníficas, se podría decir que había experimentado muchos y profundos cambios afectivos.

Yo nací en las mismas perreras de la escuela, y a los tres meses, tras hacerme la operación esa para que no persiga a las perrunas ni tenga tentaciones de subirme encima de ellas para hacerles un buen frota-frota, me llevaron a vivir con una familia de seres de dos patas. Con ellos conviví hasta que cumplí un año y después me llevaron de nuevo a la escuela donde comencé a estudiar y a entrenarme para licenciarme como perro guía. Entrené durante seis meses junto a Jeremy sin apenas separarme de su lado.

Por las noches, en mi jaula, me acordaba mucho de la familia de humanos con la que me crié, sobre todo de los niños, cuando jugábamos en casa o en los parques. También hacía un repaso mental de cómo esta familia me enseñó a comportarme en los sitios públicos donde yo era el único perro que entraba. Aquello de estar en un restaurante, cine, teatro o un tren, me hacía sentir especial, pues en estos sitios siempre era yo el único perruno. La gente murmuraba y me convertía en el centro de atención, venían a saludarme, a acariciarme y a decirme todo tipo de piropos, pero supe que era ahora cuando vendría lo verdaderamente interesante; sería a partir de este día cuando mi vida cobraría sentido. Aún no era consciente de todo lo que el destino me ofrecía pero allí estaba yo, a punto de cumplir diecinueve meses, con toda la vida por delante, e intuí grandes y maravillosos cambios.

2

Días de escuela

JEREMY ME TIRÓ LA PELOTA para que fuese corriendo a buscarla.

Estábamos en un sitio extraño que yo no conocía y que posiblemente ni existía, una especie de parque de arena con algún que otro parterre de hierba, era muy estrecho y largo, con los coches circulando alrededor de nosotros.

Esto hubiera sido impensable en el mundo real, pues jamás se habrían fiado de mí en tales circunstancias. Cuando me sueltan en terreno abierto, sin límites ni vallas, suelo perder la noción del tiempo, de la orientación e incluso soy capaz de perder la decencia y la cordura.

Los coches pasaban veloces pero no supusieron en ese momento ningún peligro ni tampoco ningún reto para mí. Yo estuve pendiente de la pelota que me tiraba Jeremy y de echar algún que otro caldo en los parterres.

Jeremy iba vestido de un modo inusual, ya que siempre fue fiel a su monótono look: sombrero de tipo vaquero, polo oscuro metido por dentro del pantalón y, en la mano, su interminable pipa de tabaco, pero esta vez iba ataviado con una horrible camisa de cuadros blancos y negros mal conjuntada con unos pantalones grises con rayas naranjas. Aquella pinta le daba un aire de payaso que me hacía cierta gracia y mermaba la rigidez disciplinaria que su semblante me infundía.

Jeremy era un hombre afable y risueño con sus alumnos, pero cuando quería pasar de la calidez a la rigidez o viceversa sabía hacerlo con bastante maestría. Con nosotros le pasaba lo mismo. Yo lo admiré y lo quise mucho. Aunque su carácter no le permitía ser excesivamente expresivo, en su mirada, en su energía, se podía ver la nobleza que aquel hombre encerraba.

Esta vez él estaba especialmente cariñoso y parecía que se había desprendido de su sobrio carácter. Aquel era el Jeremy que siempre quería haber visto, el que yo sabía que habría detrás del hombre recto y duro que todos conocíamos.

El típico juego de ir por la pelota que alguien te tira y llevársela a la mano nunca me gustó demasiado, me parecía un juego vulgar y simplón digno de cualquier perrucho sin oficio ni beneficio. A mí me gustaba más la aventura de robar objetos cuando mi dueño no se lo esperaba. No hay nada como estar tan tranquilo tumbado en el suelo, mientras él está sentado en un sillón o repanchingado en un sofá, y trincar el mando del televisor o el teléfono móvil y salir corriendo por patas a ver si te pillan. Eso sí que es emoción y no lo de la pelotita de las narices, pero, pese a todo, me dio pena despedirme tan bruscamente de aquella historieta cuya gracia estribaría supongo en la vestimenta de Jeremy. Cuando Mario silenció la alarma del despertador yo aún estaba meneando la cola enfrascado en parte en mi sueño.

–Buenos días, Cross –me dijo desde su cama.

Yo, tumbado con la cabeza elevada, volví a mover mi cola de nuevo. Cuando él se desperezó yo me levanté y me aproximé todo lo que la cadena me permitió, pues quería darle la bienvenida. Ya llevaba por entonces quince días durmiendo en aquella habitación de la residencia, tenía una colchoneta en un rincón, y en la pared, a unos diez centímetros del suelo, había una argolla con una cadena no demasiado larga.

Mario, pues así se lo había ordenado Jeremy, me ataba allí para dormir, pero el resto del día podía estar suelto por la habitación con la excepción de la hora de comer. Este rinconcito fue mi espacio de intimidad, era mi pequeño hogar dentro del hogar. Le tuve un cariño especial –pese a que no me gusta para nada estar atado– porque allí hice todos los días las dos cosas que más me gusta hacer: comer y dormir.

La comida nos la ponían por la tarde cuando volvíamos de la ciudad después de haber entrenado con nuestros dueños. El pienso lo tenían almacenado en un pequeño cuarto que había en el pasillo de las habitaciones. Nos ataban a cada uno en su rinconcito de la habitación y con un cacharro de comer en una mano y con un vaso de plástico en la otra, nuestros dueños se dirigían a aquel bendito e inexpugnable cuarto y con el vaso nos llenaban el cacharro de glorioso pienso perruno. Mientras tanto, nosotros esperábamos atados el manjar.

A mí, por mi tamaño, me correspondían cinco vasos, pues yo era el más grande de los perrunos.

Por la puerta del cuartito donde se guardaba el pienso teníamos que pasar varias veces al día; cuando Mario iba a desayunar al comedor, cuando salíamos a entrenar o cuando dábamos alguna clase teórica.

Era tentador pasar por aquella puerta y que te diera ese magnífico olor en el hocico, y los más valientes nos atrevíamos incluso a parar y a arrimar el morro. Esto a Mario le hacía mucha gracia, pero si lo pillaba Jeremy, su instructor, riéndose, nos echaba la bronca, a mí por glotón y a él por permisivo.

Mario, en pijama y sentado en su cama pero con los pies ya dentro de las zapatillas de andar por casa, se frotó los ojos casi a la vez que me silbaba y me decía cosas bonitas. Yo ya iba entendiendo poco a poco lo que me decía. Se levantó, estuvo un buen rato acariciándome y yo le pegué unos cuantos lametones. Él solía retirar el brazo al principio, se conoce que no estaba muy acostumbrado a tratar con perrunos y le debía de dar asco... rara especie la de estos seres de dos patas.

La vida en la escuela era algo rutinaria y bastante disciplinada. Todas las mañanas nos levantábamos bien temprano, daba igual el día que fuese. Cuando nuestros dueños se despertaban, se aseaban y se vestían, salíamos al jardincillo que tenían las habitaciones para hacer nuestros primeros pipis del día. Los jardincillos eran de gravilla y se comunicaban los de las seis habitaciones que estaban puestas en paralelo. Nuestros dueños, por tanto, hablaban entre ellos mientras nosotros estábamos allí a nuestras cosas. Los caretos que algunos tenían eran de risa.

Los perrunos nos espabilamos pronto, y al poco de despertarnos ya estamos preparados para echar unas carreras o lo que haga falta, pero ellos no comienzan a espabilar hasta bien entrada la mañana. Además, alguno incluso tiene que tomar una droga llamada café para poder despejarse. Esa sustancia tiene un sabor horrible. Un día, en una cafetería a la que fui con Jeremy antes de que me entregaran a Mario, cuando mi instructor se puso a charlar por el teléfono móvil, aproveché para asomar mi hocico por encima de la mesa a ver qué se ofrecía por allí. A falta de un buen mendrugo de pan o alguna sobra de pastel o patata frita, no quería salir de aquella hazaña con la boca vacía.

Sobre la mesa tan sólo había una taza de café con su platito correspondiente, una cucharilla y un servilletero. Tan siquiera había sobrevivido el sobrecito de azúcar que Jeremy ya había volcado en el café. Mientras charloteaba a través de su teléfono, Jeremy jugaba con el sobre vacío entre los dedos. Si el sobre hubiera estado encima de la mesa lo habría trincado sin duda alguna, ya que el sabor y la textura de un buen papel siempre me ha gustado mucho, pero en aquel momento, como digo, lo único comestible o, mejor dicho, bebible, que tenía a mano, era el café. Metí la lengua hasta el fondo de la taza, que se volcó poniendo todo perdido, incluyendo la mesa, el pantalón de Jeremy, mis patitas y el suelo. Aquello tenía un sabor amargo, menos mal que mi lengua alcanzó un poco de azúcar que quedaba en el fondo, pues Jeremy no le había dado aún vueltas al tema.

En resumidas cuentas: me había jugado el pellejo con la intención de pillar algo sabroso y el tiro me salió por la culata, pues aquello sabía a rayos, así que me puse perdido y Jeremy me echó un broncazo de miedo.

Además, pasé una mañana de humanos, que no de perros, ya que estuve todo el tiempo muy nervioso y con ganas de correr y correr. No paré de hacer trastadas, cada vez que alguien se nos acercaba yo le ponía las patitas delanteras encima. Me dio por coger todo lo que veía por la calle, y notaba que el corazón bombeaba con mucha fuerza, los oídos me palpitaban y no podía parar. Tenía una necesidad imperiosa de saltar, de correr, de patalear y morder lo que fuera.

A Jeremy lo saqué de quicio, aunque curiosamente cuando nos encontrábamos con alguien conocido y Jeremy le contaba que Cross aquella mañana había tomado café, este alguien solía troncharse de risa y a Jeremy se le podía ver cómo reprimía la carcajada para infundirme seriedad. Yo, la verdad, no le veía la gracia al asunto.

Bueno, como iba contando, allí estábamos como cada mañana en los jardincillos los seis perrunos con sus dueños. Entre bostezo y bostezo ellos llevaron como podían algo parecido a una conversación. Yo, cuando terminaba de hacer mis cositas, me acercaba bien a saludar a Thor, que era el perro de Juan, bien a Kem, que era el de Julio. Las habitaciones de éstos estaban a derecha e izquierda respectivamente de la de Mario según se salía al jardín. Las otras tres habitaciones estaban seguidas de la de Julio y pertenecían a Miguel, a Alejandro y a Paloma.

Tras terminar el ratito de asueto fisiológico del jardín entramos en las habitaciones y nuestros dueños nos pusieron los aparejos de trabajo. Estos consistían en una correa de cuero y un arnés del mismo material con un asa de metal del que se asía nuestro dueño para ser guiado. La correa servía para que los amos nos sujetasen, nos corrigieran si hacíamos alguna travesura mientras trabajábamos o para ser dirigidos por ellos cuando el guion lo precisaba.

La correa también era de utilidad cuando el que guiaba al ciego era otro ser de su misma especie animal. Cuando esto ocurría, nuestro dueño se ponía a la izquierda del que veía, asido del brazo de éste. Nosotros nos situábamos a la izquierda del amo con el arnés, puesto que éramos nosotros los que nos dejábamos guiar o más bien éramos dirigidos por la mano izquierda de nuestro dueño. Estas ocasiones, aunque podríamos decir que formaban parte de nuestra jornada de trabajo, eran idóneas para poder observar con mayor relax el paisaje del recorrido, y también aprovechábamos para olisquear los pipí ajenos que decoraban el suelo de la ciudad.

El arnés, sin embargo, sólo se utilizaba para el trabajo, se nos ponía a modo de chaleco y nuestro dueño se agarraba del asa para ser guiado.

Tras vestirnos los amos con nuestro sencillo atuendo fuimos al comedor a que ellos desayunaran. Ellos comían cinco veces al día, nosotros solamente una, lo cual evidentemente siempre he visto injusto. Nos ponen la excusa de que nuestro metabolismo es distinto y que tardamos más en hacer la digestión y no sé qué mil chorradas más. Yo creo que lo que ocurre es que lo hacen por comodidad de ellos, ya me gustaría verlos comiendo una vez al día.

Estar en el comedor era divertido, pero la diversión era efímera. Nuestros dueños se sentaban a una mesa redonda con seis sillas dispuestas a su alrededor, y nosotros, tumbados en el suelo, cada uno a la derecha de su respectivo amo.

Como estábamos en círculo nos podíamos ver las caras entre nosotros. Yo siempre aprovechaba el momento para darle un suave zarpazo al que tuviera al lado para provocar el juego, pero enseguida Mario se daba cuenta y me imponía la consecuente y fastidiosa disciplina. A veces era Jeremy quien abroncaba a Mario por ser demasiado indulgente conmigo.

Encima de la mesa tenían de todo: zumo de frutas, leche, pan, bollos, cereales, galletas e incluso yogures. Por tanto, allí estaban sentados los seis ciegos poniéndose ciegos de comida. Un perro guía tiene prohibido cualquier alimento que no sea su propio pienso o alguna que otra galleta de premio, pero éstos se ponían allí las botas con todo aquello.

Tanto en el desayuno como en la comida o en las cenas yo estaba siempre debajo de la mesa relamiéndome extasiado con aquella mezcolanza de olores. Alguna vez, cuando Mario se levantaba para marcharnos, arrimaba el hocico para tener más cerca aquellos trozos de pan que tanto anhelaba. Los días en los que la valentía me lo permitía incluso hacía ademán de pillar algún mendrugo, pero en la escuela nunca pude conseguirlo.

Al terminar el desayuno fuimos a la ciudad a entrenar. Nos trasladábamos siempre en la misma furgoneta en la cual nos llevaron desde las perreras hasta la escuela hacía ya medio mes. Subíamos ordenadamente, cada dueño tenía asignado su propio asiento y nosotros nos tumbábamos como siempre a su lado en el suelo. Como los asientos estaban ubicados en los laterales del vehículo, nosotros quedábamos en el centro, dispuestos de un modo un tanto arbitrario, lo cual suponía el momento idóneo para intentar darle algo de alegría a la aplastante rutina. Yo, cómo no, aprovechaba para ponerle la pezuña encima a alguno o directamente me levantaba del suelo para empujar a uno de mis colegas, pero enseguida nos cortaban el rollo.

La escuela tenía otro edificio en la ciudad que servía como centro de operaciones, y desde allí Jeremy explicaba a sus alumnos en qué iba a consistir la clase de aquel día y se planificaban las rutas. Éstas se hacían en ocasiones de uno en uno, cada dueño con su perruno, claro, otras veces se hacían en parejas o todo el grupo a la vez. Las calles de la ciudad estaban ordenadas de forma octogonal y enumeradas o nombradas con letras según su disposición.

Una vez que hubimos bajado de la furgoneta, y tras ubicarnos en el edificio de la escuela, Jeremy explicó la ruta que había que seguir. Teníamos que bajar por la calle D, torcer a la altura de la 4 hasta la F y llegar a la 1 para volver a virar por la D y bajar hasta la 2 para regresar al edificio.

Las primeras parejas en salir fuimos Thor y yo, junto a Mario y Juan. Se pusieron a hablar entre ellos, y supongo que tendrían quizá dudas sobre el recorrido.

Jeremy y Luis, el intérprete, vigilaban tras nosotros a unos metros de distancia. Íbamos por la calle F cuando de frente se acercó una mujer con un bóxer que aceleró el paso al verme. Yo hice lo propio. Mario en vano intentó frenarme, y yo me aproveché de la inexperiencia de mi dueño. Comenzó a gritarme:

–¡Cross, Cross! ¡Para ya!

Me encantaba esa sensación de conocer un nuevo amigo. En la cada vez más corta distancia que a ambos nos separaba, los dos perrunos notábamos ya la energía del otro. Él era juguetón y muy noble aunque noté en él algún rasgo dominante, y su olor era ácido y limpio. Me gustaba cómo me miraba y cómo sus patitas aceleraban arrastrando a la dueña para acercarse cada vez más a mí.

Anónima y limpia amistad. Camaradería sin juicios ni preguntas. Sin dudas.

Cuando el bóxer y yo nos comenzamos a olisquear, Mario

ya se percató de lo que ocurría. Habló unas pocas palabras con la dueña del otro perro, todo lo que Mario buenamente pudo, pues no dominaba mucho el idioma de aquel país. La mujer se deshizo en elogios hacia mí pero yo hice más caso de mi nuevo amigo, la verdad. Aquel, que no paraba de menear la cola y de olisquearme, le dio algún que otro chupetón a Mario, y aunque esto no le hizo mucha gracia, por educación intentaba guardar la compostura sonriendo.

De repente, ocurrió algo que truncó el concepto positivo que me había forjado de mi amiguete ya que, tras el oportuno olisqueo y darnos mutuamente algún que otro empujón amistoso, éste se encaramó en mi lomo e intentó hacerme un frota-frota. Fue la primera vez que aquello me ocurría, pero no la última.

Cuando yo era cachorrete, por lo visto, me hicieron una operación para anularme ciertos instintos que pudieran provocar que cuando estuviera en celo no obedeciese las órdenes de mi dueño, y aquella operación por tanto hacía que los demás perrunos no identificasen que yo era un macho.

El bóxer seguía erre que erre dándole al tema, y yo, azorado e incómodo, di vueltas en círculo para quitármelo de encima, pegué un par de ladridos y todo hasta que la dueña entre risas disimuladas abroncó a su perro.

Mario extendió su mano para ver qué ocurría y chocó con el lomo del lascivo bóxer, puso cara de circunstancias y de no saber qué hacer hasta que por fin aquél se bajó y continuamos jugando unos segundos más. Los perrunos no somos rencorosos.

Al rato llegaron Luis y Jeremy, que le echó una reprimenda a Mario por haberme dejado jugar con otro perro. Luis dijo algo en su idioma y se lo tradujo después a Jeremy, los tres se troncharon de risa.

Seguimos el camino hacia el edificio de la escuela mientras yo iba pensando en la escena. Al llegar, Mario se sentó a la mesa con sus compañeros y contó lo sucedido en la ruta. Todos se carcajeaban, e incluso a Paloma, la dueña de Mani, le dio un ataque de risa, yo no sé dónde le ven la gracia a esas cosas.

El edificio que tenía la escuela en la ciudad era una nave grande de unos seiscientos metros cuadrados, dispuestos en una única estancia en forma de «L» donde lo único que estaba aparte eran los cuartos de baño.

Al entrar, a la derecha, había una mesa redonda en la cual se sentaban nuestros dueños con nosotros tumbados a su lado como siempre, allí recibían a veces las instrucciones del entrenamiento y el itinerario de la ruta. Mientras unos hacían el recorrido correspondiente el resto se quedaba de tertulia o jugando a un juego que en el país de Mario llaman «los chinos».

Este juego consiste en que cada uno guarda en el interior de una mano tres monedas y elige una cantidad que, evidentemente, puede ir de cero a tres. La cantidad escogida se la pasa a la otra mano y, cuando todos han realizado este ejercicio, por turnos van diciendo la cantidad de monedas que suponen tienen entre todos. Cuando han terminado de decir esto van abriendo también por turnos la mano que contiene las monedas, y el que acierte o más se aproxime a la cantidad sumatoria, gana. Gana nada, pues allí no se jugaban nada más que salir un poco del aburrimiento que les suponía la espera; absurdo proceder, yo no le veía divertimento al jueguecito... con lo fácil que sería si en vez de estar perdiendo el tiempo con esa tontería se levantasen todos de la mesa y se comenzaran a olisquear los traseros entre ellos o se revolcaran por el suelo mordisqueándose, eso sería mucho más divertido; pero ellos, como siempre, tan comedidos, tan estirados y tan aburridos.

Y nosotros allí debajo de la mesa aguantando sus tonterías sin poder jugar. Menos mal que, de vez en cuando, Mario me hacía alguna que otra caricia en la cabeza que yo solía corresponder con el consecuente lametón de mano.

Ellos, al parecer, sí que le veían cierta gracia a su juego, pues a veces se reían de su propia picaresca.

El promotor del juego fue Julio, quien lo propuso un día al resto del grupo. Yo pienso que él en su país solía jugar con sus amigotes, pues a veces contaba hazañas y batallitas allí acontecidas referentes a largas partidas de «chinos» y botellines de cerveza. Julio siempre era simpaticote con todos y, cuando digo con todos, me refiero también a los perrunos, siempre tenía alguna gracia que decirles a sus compañeros mientras jugaba a los «chinos», mientras comían o mientras hacían cualquier cosa en común.

Además de su simpatía se le veía un ser noble. Esta palabra –noble– siempre me ha gustado, pues la utilizan mucho los seres de dos patas para hablar sobre nosotros.

Ciertamente Kem, el perro de Julio, compartía con él la cualidad de la nobleza, era verdaderamente un perro muy bueno. Demasiado bueno, diría yo, para mi gusto. Cada vez que yo le metía caña en los momentos de aburrimiento, él, con la mirada, parecía que buscaba la aprobación de su dueño. No sé qué aprobación ni qué leches, pues su dueño evidentemente no lo veía. Era un labrador negro, tenía siempre el pelo muy brillante y lustroso. Su gesto, al igual que su carácter, era sereno, tenía cierta elegancia en sus movimientos e incluso en la manera de colocarse cuando estaba tumbado o sentado. Esta virtud, la de la elegancia, sin embargo, no la compartía con su dueño.

Julio no tenía tal don. Llevaba siempre unas gafas de culo de vaso que de buen seguro se las habría recomendado un enemigo, aunque dudo que tuviera alguno. Su manera de vestir no era desaliñada, ni mucho menos, siempre daba la sensación de ir bien aseado, pero su look era del estilo «me pongo lo primero que pillo del armario». Como digo, esta condición de vestimenta descoordinada, que no desaliñada, no sólo no le restaba simpaticonería al bueno de Julio sino que resaltaba tal cualidad.

Y allí, en aquella mesa redonda, los seis amigos jugaban y charloteaban cuando les tocaba esperar a que sus compañeros regresaran de hacer los recorridos. Cuando el resto de parejas perro-amo hubo terminado de hacer sus ejercicios de guía volvimos a subir a la furgoneta para continuar la clase o el entrenamiento en otro lugar.

Paramos a descansar en una cafetería que había dentro de un centro comercial. Ellos estaban muy metidos en la conversación y yo lo intuía. La cafetería daba a un pasillo del centro que estaba muy concurrido por seres de dos patas que iban allí a adquirir cosas, no paraban de pasar y pasar cargados con bolsas, eran de todas las edades y condiciones.

Había muchos niños, con los cuales yo siempre me he llevado muy bien, pues son idóneos para el juego. Aquello era tentador.

Mario estaba sentado en una silla de madera y tenía mi correa debajo de su trasero, era la manera habitual de sujetarme. Yo lloriqueaba en aquel momento por no poder corretear con toda aquella gente y jugar con todos esos objetos que portaban, o poder incluso comer algunas de las delicias que estaban por allí colocadas en estanterías.

De repente, se me cruzaron los cables y me lié la manta a la cabeza, pegué un fuerte tirón de la correa que, resbaladiza, escapó como si nada de la presión ejercida por el peso de Mario sobre la silla, y con el arnés puesto y mi correa arrastrando me eché a la carrera al ataque jolgórico de aquellos infinitos amigos, juguetes y manjares.

Me dio tiempo a saludar a un niño de unos doce años al cual le puse encima las patitas delanteras mientras él me acarició la cabeza y el cogote en esos dos o tres segundos que duró el juego; también le pude pegar un lametón en toda la cara, mientras él musicó el momento con una infantil risa que despertó en mí una desbordante alegría.

Rápidamente me dirigí hacia otro niño de unos cuatro años. Éste fue todo un desagradecido sin sentido del humor ni gracia, pues se echó a llorar al verme y comenzó a berrear como si le hubiera arrancado un brazo de un mordisco, pero no me entretuve ni un ápice en intentar calmarlo, pues sabía que el tiempo corría en mi contra.

A pocos metros y frente a mí, divisé a un hombre que venía con un vaso de plástico en una mano y con un pastel en la otra, y me eché enseguida a la carrera hacia él, con el fin de saludarlo y compartir aquel pastel.

De repente noté una presión enorme en mi cuello, mis cuatro patas se frenaron en seco y resbalé sobre el deslizante pavimento del centro comercial. Miré tras de mí y vi el rostro de Margaret, la otra entrenadora, que esta vez tenía una expresión menos afable que de costumbre, fue entonces cuando me di cuenta de que ella era la causante de mi frenada pues estaba pisando mi correa con el pie.

Así fue como terminó aquella aventura. Margaret, que había salido de la nada, me entregó a Jeremy, y éste me entregó a Mario, que estaba de pie y tenía el semblante serio. Jeremy abroncó a Mario y Mario me regañó a mí. Aunque tuve que agachar sumiso el hocico ante la reprimenda y poner la consecuente expresión de circunstancia, segundos más tarde y otra vez tumbado sobre el suelo de aquella cafetería me regodeaba con los cercanos recuerdos de mi apasionante y breve juerga particular.

Aunque la descarga de adrenalina había sido grande en mi escapada en el centro comercial, cuando me regañó Mario sentí que le había fallado. Un repentino arrepentimiento se apoderó de mí, y me salió como de las entrañas un prolongado y sonoro suspiro. Mario me respondió con una indulgente y redentora caricia en el cogote, gesto que, por otro lado, había hecho como a escondidas de Jeremy, como si Mario no se sintiera seguro a la hora de perdonarme.

Ya iba teniendo sentimientos demasiado fuertes hacia Mario, eran similares a los que recientemente había sentido por Jeremy. Quizás estos sentimientos puedan sonar extraños a los seres de dos patas, una mezcla de admiración, sumisión y a la vez un gran instinto protector.

Nos levantamos de la mesa de la cafetería y Jeremy ordenó que fuéramos todos, tanto perrunos como amos, en fila hacia la salida del centro comercial para subir a la furgoneta y regresar a la escuela.

Por la mañana la rutina siempre era ésa: madrugar mucho, a las 5.30, hacer nuestras necesidades, esperar a que nuestros dueños desayunaran, marcharnos a la ciudad y, desde el centro de operaciones, realizar diversos recorridos para que nuestros amos se fueran manejando en la tarea de ser guiados y para ir creando cierta sinergia entre perro y amo.

Días más tarde, cuando nuestros dueños ya estaban más sueltos en estas lides, fuimos visitando otras ciudades más grandes y más habitadas. En aquellas ciudades la escuela no tenía centro de operaciones, y la espera, mientras el resto de compañeros realizaban los recorridos, se hacía bien en cafeterías o bien en la propia furgoneta.

Otro día fuimos al campo, un sitio donde había un lago enorme y unos caminos rectilíneos larguísimos. Aquélla fue la primera vez que visité la Naturaleza con Mario. Aunque ya había ido a aquel sitio con Jeremy alguna vez para realizar ejercicios, nada más bajar de la furgoneta sentí la necesidad imperiosa de marcar el terreno.

Me daba la sensación de que las marcas allí caían en saco roto dada la mezcolanza de olores que existía, puesto que alguno de mis amiguitos perrunos hicieron también lo mismo. La tierra absorbía para sí misma nuestro perfume. La Madre Naturaleza no quería que dejáramos pistas, quizá no éramos bienvenidos en aquel lugar, éramos perrunos de ciudad. Allí olía a origen, a corteza de árbol, a tierra, a mil flores y centenares de hierbas diferentes. Se oía gran cantidad de pájaros, y, de vez en cuando, se dejaban ver en grupos, siempre solidarios y organizados. También vivían por allí algunos insectos que huían a nuestro paso.

Estuvimos haciendo un recorrido los seis con nuestros guiados, todos juntos, pero con cierta distancia entre pareja y pareja. En ese recorrido tuvimos que cruzar un puente de madera, en el que el agua sonaba a ambos lados y el crujir del material con el que estaba construido el puente acompasaba el ruido leve pero cercano de la corriente. Noté que Mario iba con miedo, como si pensara que lo tiraría al agua, no lo hice, ni mucho menos, pero sinceramente ganas me dieron, no por mala leche. El único motivo hubiera sido el de siempre, me encanta el agua y me meto en ella cada vez que me dejan o cada vez que me escapo.

El recorrido que hicimos era más o menos circular, nuestros amos iban hablando entre ellos a grito pelado pues la distancia que había entre unos y otros no les permitía escucharse bien. O qué demonios, aquellos individuos no necesitaban excusa para chillar.

En el país de Mario, descubrí días más tarde cuando nos marchamos a vivir allí, se chillaba más que en el país donde se encontraba la escuela. Por si ya dábamos poco el cante seis perrunos guiando a sus seis ciegos, sus gritos y risas llamaban la atención de cuantos humanoides o seres de dos patas, como a mí me gusta llamarlos, nos cruzábamos.

Juan, aunque gozaba de menos simpatía natural que Julio, siempre estaba haciendo bromas al resto del grupo, y si no, que se lo cuenten a Alejandro, quien sufrió como ya contaré, una o... qué leches, por qué no decirlo claramente, la broma más ingeniosa que vi hacer al bueno de Juan, pero como eso ya lo diremos más adelante, sigamos con el día campestre.

Juan se puso al frente de la caravana perruna, iba gritando, mirando de vez en cuando hacia atrás para que sus compañeros pudieran escucharlo. Los gritos de Juan y las respuestas de los otros cinco destacaban sobre nuestro silencio estricto y profesional; seguramente más de uno pensaría, y con razón, que parecía mentira que aquellos perros estuvieran tan formales y sus amos, sin embargo, dando el cante como chiquillos.

El paisaje era hermoso, ideal para aquel paseo. Paisaje, por otro lado, dotado de numerosas tentaciones para mí, ya que hubo un momento en que dejé de prestar atención a los gritos de los humanoides y me embebí en mis fantasías y pensamientos.

Aquel espacio natural parecía infinito, una extensión de vegetación y agua gigantesca óptima para escaparse del rutinario trabajo de guía y echarse por allí unas buenas carreras marcando cuantos matorrales y árboles me diera la gana. Correr, correr, correr y correr, correr, correr y requetecorrer sin medida y sin rumbo. Soltar raudales de adrenalina por mis venas, no parar mi carrera más que para revolcarme con desenfreno por esa hierba blanda y fresca y después volver a correr, correr y correr, correr, correr y correr hasta el final. ¿Final? ¿Qué final? Si allí no había final. Pero ¿qué narices –o mejor dicho–, qué hocicos?, digo. Si aún quedaba lo mejor de mi fantasioso jolgorio. Después de mi carrera o antes o durante, da igual, me di un desatado baño en aquel lago inagotable y nadar, nadar, nadar y nadar y requetenadar. Viví tan intensamente aquella fantasía, me sumí tan profundamente en aquellos pensamientos, que creía que estaba llevándolos a cabo.

Fue tanta la desilusión al darme cuenta de que aquello sería imposible, que al descender por el tobogán que separa la fantasía de la realidad caí sobre ésta de culo. Al volver al estado de máxima concentración de mis quehaceres de guía se me escapó un profundo y sonoro suspiro, pero un suspiro no de esos cuyo sonido es simplemente el provocado por la expulsión de una gran cantidad de aire que al pasar por mi hocico hace ruido, no, aquel suspiro además iba acompañado de un leve llanto. Mario, al escucharme, alargó su mano derecha, la que llevaba libre del arnés y me acarició la cabecita consolándome como si supiera o adivinase lo que me ocurría.

Una vez en la furgoneta, tras aquella jornada campestre, íbamos todos, tanto perrunos como los seres de dos patas, absortos en no sé qué.

Imagino que a ellos, al igual que a nosotros, el campo les relajaba. Por mucho que los humanoides nos hayan domesticado, animales somos, y nuestro medio natural es la Naturaleza, pero también debe de ser que, por mucho que ellos se hayan domesticado, su medio de origen, aunque se esfuercen en negarlo o cambiarlo, es también la Naturaleza.

Por eso creo que al volver al origen, al regresar al medio verdadero, nuestro inconsciente pasa a primer plano y nos imbuye en una meditación profunda y relajada que nos sirve de lección para saber qué y quiénes somos ciertamente. Bueno, me dejaré por hoy ya de filosofar, pues al fin y al cabo soy un perro, y si sigo por este camino no me vais a tomar en serio.

Los seis íbamos repanchingados y estirados a más no poder, todos teníamos el cuerpo de costado, apoyado en el suelo de la furgoneta. Por tener apoyado teníamos hasta el hocico y la lengua tocando la férrea superficie del vehículo. Ellos iban sentados en sus asientos con cara de lelos y bostezando de cuando en cuando. Paloma iba escuchando música con unos auriculares. Escuchando escuchando, la verdad que no, más bien la música pasaba por sus oídos como el agua pasa por un río. Estaba dormida. De repente, cada cierto tiempo daba un respingo y se tocaba los pinganillos de las orejas como queriéndose cerciorar de dónde provenía la música, y después tocaba con una mano el cristal de la furgoneta para asegurarse de dónde estaba.

Una vez hechas estas comprobaciones se volvía a entregar al sueño. Paloma era una persona muy peculiar. Hablaba apenas, tenía una extraña timidez, le costaba mucho relacionarse, pero luego, cuando alguien hacía algo que no fuera de su agrado, no se cortaba en absoluto a la hora de soltárselo como le venía en gana. Siempre iba cargada con algún aparato, ordenador, móvil, cacharros para escuchar música, parecía que se llevaba mejor con todo este tipo de objetos rectangulares que con los seres de su propia especie.

Con quien mejor se relacionaba Paloma era con Mario, hasta el punto de que, cuando estaban a solas, Paloma parecía otra persona totalmente distinta. La timidez no se transformaba, simplemente desaparecía, y las palabras le fluían de los labios como si no tuviera tiempo de decir todo lo que quería en ese momento. Iban siempre juntos a la lavandería a poner la ropa sucia para lavar, a tomar cafés, a pasear en las escasas horas de descanso.

Por la noche, después de la cena, a veces se juntaban en la habitación de alguno, tres o cuatro compañeros con sus respectivos perrunos, pero Mario y Paloma no había noche que no se juntaran ellos solos con Mani y conmigo o bien con otros amigos. Se sentaban al escritorio a hacer cosas con el ordenador o directamente se tumbaban en la cama con los portátiles, móviles y todo tipo de aparatos que recopilaban.

Era curioso todo aquello. Los aparatos rectangulares que utilizan los ciegos hablan claro, y yo no sé cómo se podían entender con aquel escándalo que se formaba con ellos dos hablando o riendo y los ordenadores y demás cacharros parloteando con esas voces tan frías y monótonas.

Pese a que pasaban muchas horas y horas juntos, pese a que en ocasiones en aquellos encuentros al final se quedaban los dos dormidos en la misma cama, jamás les vi hacer un frota-frota.

Simplemente eran amigos. Ella le duplicaba la edad a Mario, era bajita, algo rechoncha con el pelo rizado y cierto aspecto desgarbado.

Continuábamos nuestro viaje en la furgoneta, ya con ganas de regresar a la residencia, mientras ellos comían a las doce de la mañana. Imagino que el cansancio y la jornada en el campo les habría abierto el apetito, y nosotros, yo al menos, también teníamos ganas de llegar. Aunque no para comer, pues nosotros comíamos más tarde, lo que quería era reposar mi cuerpo perruno en una superficie más estable y cómoda que aquella furgoneta. Dormitar debajo de la mesa del comedor mientras Mario comía con sus compañeros tenía su aquél, una vez más a albergar la esperanza de que cayera alguna migaja o similar –inútil, pues esto nunca o casi nunca ocurre–, aunque la esperanza es la esperanza.

Como en otros muchos aspectos de la vida, vale más el

tiempo invertido o perdido, según el caso, que lo alcanzado, si es que se llega a alcanzar.

Cuando bajamos del vehículo nos dirigimos como siempre a los jardincillos que estaban tras la puerta exterior de las habitaciones. Éstas tenían dos accesos, una puerta interior que daba al pasillo y otra exterior que daba a dichos jardines. Allí se pararon nuestros amos para que hiciéramos nuestras cosillas. Mario me prolongó la correa y enseguida eché de mi interior mi agüita amarilla. De repente, Jeremy, que estaba de pie en un rincón supervisando cómo sus alumnos realizaban la maniobra, se echó a reír en silencio a la vez que levantaba una ceja, miró hacia el lado contrario y, llevándose la mano a la boca, tosió un par de veces como si quisiera desasirse de aquel estado de ánimo risueño y pasar a otro, aunque fuera fingido.

Al realizar este cambio volvió a mirarnos ya con el semblante manifiestamente cambiado, echó a andar y se acercó a Mario dándole una palmada suave pero autoritaria en el hombro.

–Mario, qué te tengo dicho, que le quites el arnés en su tiempo de jardín. El arnés, Mario, el arnés, el arnés –profirió Jeremy lentamente con la sobriedad de siempre y sin elevar la voz.

Mario, que no hablaba el idioma de Jeremy pero creo que sí lo entendía, se disculpó, y con las manos temblorosas se acercó a mí a quitarme el arnés, pero por entonces yo ya estaba haciendo mi baile circular que como un ritual siempre precede a mi defecación, mi deposición, deyección fecal, vamos, en pocas palabras: que me estaba cagando vivo a más no poder.

–Espeeeera, Mario, espeeera. Ahora no. Ya da lo mismo.

Esto lo dijo naturalmente Jeremy, pero de buena gana y en otro tono muy distinto, eso sí, se lo hubiera dicho yo a Mario, si mis cuerdas vocales perrunas hubieran estado preparadas para poder hacerlo.

Tras mi desahogo entramos en la habitación, Mario me quitó el arnés y la correa y me soltó después de cerrar la puerta que comunicaba con el jardín. Se metió dentro de otra habitación que había en la habitación que los seres de dos patas llaman cuarto de baño, aunque imagino que vosotros ya sabréis cómo se denominan estos sitios.

Qué absurdo hacerlo allí dentro, ahí sentado en el sitio ese. Rara especie la de estos seres de dos patas, con lo bien que se hace al aire libre, y tener que encerrarse en una habitación para hacer pis y caca. Menuda gorrinería, por otro lado. Además, me fijé que los machos no levantan la pata para mear. Se ponen de pie frente a ese aparato llamado «taza». Que ésa es otra. La llaman de igual manera que otro aparato en el cual se toman el desayuno, ¡qué cerdos! Bueno, como decía, ellos no levantan la pata; allí frente a la taza y cogiéndose la cola con una mano tienen que acertar en un agujero que está lleno de agua. Bueno, acertar, eso quien lo haga, pues es típico en esta especie que las hembras se quejen de que los machos dejen perdida la taza tras hacer pis. Paradójicamente Mario no era de esos. Para ser ciego cómo atinaba el tío, meaba de oído.

Luego, para hacer aguas mayores, bajaban una tapa intermedia y se sentaban en ella. Que no sé por qué le llaman «tapa» si tiene un agujero en el medio y tapar no tapa nada de nada. Pues allí plantan el culo y sueltan el material como si nada. Luego, tras terminar y asearse, pulsan un botón y todo aquello desaparece como por arte de magia. Lo curioso también es que cuando se meten en el cuarto de baño cierran la puerta, como si quisieran disfrutar ellos solos de aquello, qué asco. En fin.

Cuando Mario hubo terminado de sus quehaceres –que hay que ver lo que tardaba el hombre, yo que en treinta segundos me despachaba–, fuimos al comedor. Allí había cinco mesas redondas con siete sillas cada una de ellas, con la excepción de la mesa en la cual nos poníamos siempre nosotros. La nuestra tenía ocho sillas, y allí se sentaba él con sus cinco compañeros, Jeremy y Luis, el intérprete.

Siempre nos situábamos en el mismo orden. Creo recordar que la distribución era la siguiente: a la derecha de Mario, Paloma con Mani; a la derecha de Paloma, Luis, el intérprete; a la derecha de éste, Jeremy, el instructor; a la derecha de Jeremy, Julio, el simpaticote, con su labrador negro llamado Ken; a su derecha, Miguel, un grandullón barbudo de unos treinta y cinco años humanoides del cual aún no os he hablado casi, su perro era un labrador blanco al que llamaban Big; a la derecha de Miguel se sentaba Juan, nuestro bromista de gorra roja, acompañado de Thor, que era su goleen; y por último Alejandro, del cual tampoco he dicho mucho y que era un cincuentón algo serio pero no antipático, cuyo perro se llamaba Tobi, otro labrador de color blanco. De todas formas, tampoco os quiero marear mucho con tanto perruno y tanto humanoide y nos centraremos en lo esencial, ¿vale?

–Buenos días, chicos –dijo la camarera en su idioma.

Todos le contestaron también en el idioma de ella, aunque algunos sinceramente pronunciando de tal manera que aquello parecían palabras distintas.

Ella iba explicando a los comensales lo que contenían los platos que servía, y Luis traducía.

–Jeremy, Luis, tenéis que explicarle a los chicos que mañana es el día de su país y que tienen que decirle a la cocinera qué plato quieren que preparemos. En un momento, cuando terminéis de comer, ella saldrá a hablar con ellos y con vosotros, claro –comentó la camarera con su tenue voz.

Tras retirarse para servir otras mesas, Jeremy, con la traducción de Luis, explicó lo siguiente a los muchachos:

–Tenemos por costumbre aquí en la escuela dedicar un día de vuestra estancia a realizar un humilde homenaje a vuestro país de procedencia, así que tenéis que ir pensando en un plato típico que os apetezca, que sea de vuestro país, y la cocinera os lo elaborará.

Enseguida cada uno de nuestros amos dijo alguna palabra en voz baja: paella, fabada, tortilla de patatas...

–Pues una paella, ¿no? Yo creo que es lo más típico. Además no es nada difícil de hacer, tan sólo tendrá que medir bien la cantidad de agua y de arroz y conseguir los ingredientes. Si me dejara hacerla a mí, yo mismo pasaba a la cocina mañana y os haría una paella que os ibais a chupar los dedos –dijo Julio mirando a unos y otros con graciosos gestos.

–Pero Julio, ¿no crees que aquí en Estados Unidos va a ser algo difícil encontrar ciertos ingredientes? Además es complicado pillar el punto al arroz, igual se le pasa o le queda duro. A veces les ocurre esto a los mismísimos valencianos. Yo opino que, para no arriesgarnos, le podríamos pedir una tortilla de patatas, que tiene menos ingredientes y es más sencillo –contestó Mario mirando solamente a Julio.

–No sé, amigos. Lo que queráis. Llevas razón en lo de los

ingredientes, pero digo yo que aquí con la de mar que tienen, o en alguno de los lagos esos donde hemos ido esta mañana, alguna gamba habrá, ¿no?

Todos rieron al momento, menos Jeremy, que lo hizo tras la traducción de Luis.

–Eres un cachondo, Julio. Está bien, tú ganas. Si los demás no dicen nada, le pedimos la paella, con esas gambas de los Grandes Lagos o del Misisipi, ya se apañarán.

Cuando terminaron de comer se acercó a la mesa la cocinera. Era una mujer bajita y delgada, curiosamente hablaba, además del idioma de aquel sitio, el mismo idioma de Mario y sus compañeros, pero con otro acento. Era muy morena de piel y pertenecía sin duda a otra raza distinta.

–Qué, muchachos, ¿*desidieron* ya?

–Sí, aquí han estado debatiendo sobre ello. Quieren, queremos, vaya, una paella. Si no nos apañamos del todo para decirte ahora la receta la buscamos en Internet, que te lo expliquen ellos ahora. Yo tengo que ir a la habitación a hacer una llamada –comentó Luis, ya de pie, mientras arrimaba la silla a la mesa para colocarla.

–Ok, Luis. Acá me quedo con los muchachos y que me cuenten. Yo he oído hablar de ese plato español, pero jamás lo *cosiné no más.*

–¿Aquí tenéis gambas? ¿O langostinos? –espetó Julio despertando una carcajada general.

–¿Cómo *dise,* Julio? ¿Gambas, langostinos?

–Sí, son unos bichos con cáscara que están así digamos como encogidos y que hay que pelarlos para comerlos –indicó Julio, acompañando la explicación de todo tipo de gestos y posturas descriptivas.

–Ah, ok. Ya sé lo que me *dise* usted, acá los llamamos camarones y en México creo que también.

–¿Camarones? ¿Camarón? ¿Eso no era un cantante de flamenco? ¿Un cantaor? –dijo mirando al que tenía a su derecha y provocando otra nueva carcajada entre sus compañeros. La cocinera, aunque no se había unido a la carcajada, iba aumentando su ya natural sonrisa hasta más no poder, pues aunque quizá no comprendía del todo las palabras de su interlocutor la simple gracia con la que las decía provocaba la mayor de sus sonrisas.

–¡No os riáis, leche, que hablo en serio! Que Camarón era *mu* bueno –dijo Julio tornando su voz más aguda debido a la contención de la risa.

–Bueno, pues si os parece bien ahora buscamos una receta de la paella en Internet y te la hacemos llegar pronto para que os dé tiempo a conseguir los ingredientes –concluyó Mario dándole un tono más serio a la conversación.

–Ok, chicos. Espero me salga bien y haré lo posible por encontrar los camarones y las gambas ¿sí? –dijo la sonriente cocinera mirando uno a uno a sus interlocutores.

PAELLA PARA 8 PERSONAS. INGREDIENTES:

–16 langostinos

–2 sepias

–16 mejillones

–200 gramos de magro de cerdo o pechuga de pollo

–morralla para el caldo

–2 pimientos rojos

–3 dientes de ajo

–2 tomates maduros

Para hacer el caldo, en una cazuela se echa un buen chorro de aceite de oliva, fríes los ajos, pelas los langostinos y fríes las cáscaras junto a los ajos, y añades los tomates troceados. Cuando esté casi frito añades la morralla, revuelves todo bien y cuando esté todo sofrito añades 3 litros de agua, salpimentas y cueces durante una hora (morralla es una mezcla de varios peces muy sabrosos, pero tienen muchas espinas y se aprovechan para hacer caldo).

En una paellera de 10 raciones pones un poco de aceite. Cuando esté caliente el aceite, limpia y corta los pimientos en tiras, quitando las semillas y las hebras blancas que tienen por dentro, los fríes y cuando estén doraditos los retiras.

En el mismo aceite fríes vuelta y vuelta los langostinos, los sacas. Siempre en el mismo aceite sofríes el magro, añades 5 tazas (tamaño café con leche) de arroz, lo rehogas y añades la sepia y los langostinos ya fritos.

Limpia los mejillones, y en una cazuela tapados los haces al vapor; el caldo que suelten lo añades al caldo que has hecho, lo cuelas y echas 10 o 12 tazas a todos los ingredientes que tienes en la paellera, cuece durante doce o quince minutos (según el arroz que utilices).

Apaga el fuego y adorna la paella con los pimientos fritos y los mejillones, tápala y deja que repose cinco o diez minutos como máximo.*

Menú inicio. Programas. Skype. Conectando a Skype. Contactos. Mamá. Menú de contexto. Realizar llamada de voz.

* Ni el autor ni el editor se hacen responsables de posibles catástrofes culinarias en caso de salir mal el plato.

–Mamá.

–¡Hola, hijo!

–¿Me escuchas bien?

–Sí, ahora sí, hijo mío. ¿Cómo estás? ¿Cómo estáis? No veo a Cross, y a ti te veo solamente de la barbilla hacia abajo. Levanta a ver la tapa del portátil y encuadra mejor la cámara.

–¿Ahora?

–Siiiiiii. Estás guapísimo, Mariete. Jolín, cuánto te echamos de menos, hijo. Qué ganas tenemos de ver a Cross en persona.

–¿En persona?

–Sí, en persona. Para mí ya es como mi primer nieto. Y para tu padre, aunque ya sabes lo serio que es y lo que le cuesta expresar sus sentimientos, no podemos pasar por una tienda de animales sin que diga ésta o cuál cosa le vendría de perlas a Cross. Cada vez que vemos un perro por la calle, nos quedamos mirando, y más aún si es un golden, claro.

–Joder, si a vosotros nunca os han gustado los perros.

–Ya, Mario, pero las personas cambiamos y ya sabes... A éste lo queremos ya sin conocerlo.

–¿Has visto a Sandra?

–Sí, bueno, yo no, pero tu padre sí. Fue a llevarnos a la gestoría un bizcocho de zanahoria que había hecho, yo no estaba. Ella venía de clase. De todos modos imagino que tú hablarás a menudo con ella, ¿no?

–No creas que mucho. Es difícil cuadrar horarios. Y ella anda muy liada con las clases.

–¿Qué tal estás comiendo, mi vida?

–Bien, mamá, bien. Siempre me preguntas lo mismo.

–Es que te veo muy delgadito, hijo.

–Pero si yo siempre he estado igual, mamá. Siempre en los huesos, ya sabes.

–Si ya lo sé, pero como también sé que la comida allí es diferente y cambian los horarios, ya sabes cómo somos las madres...

–Hablando de comida. Tengo que contarte una cosa que te vas a tronchar de risa, mamá. Resulta que ayer cuando volvimos del entrenamiento, por cierto, creo que el lugar en el que estuvimos era los Grandes Lagos, o al menos, uno de ellos. Era un sitio precioso en plena naturaleza. Bueno, a lo que iba. Resulta que la cocinera que es mexicana y muy maja nos preguntó que qué comida española nos gustaría que nos preparase para hoy. Es decir, para mañana, pues nos lo preguntó ayer. ¿Sabes qué le dijimos que nos preparara?

–¿Una paella?

–Efectiviwonder, madre. Una paella.

–¿En Estados Unidos?

–En Estados Unidos, madre, pero eso no es lo gracioso. El caso es que yo comenté la posibilidad de una tortilla de patatas por tener menos ingredientes y en teoría ser más sencilla, aunque ya sabes que yo de cocina ni idea.

–Pues buen saque que tienes, hijo.

–Sí, eso sí. Bueno, te cuento. Buscamos la receta en Internet con los ingredientes. Que si el arroz, el pimiento, los ajos, el tomate, la carne, las gambas, que aquí le dicen camarones y son más pequeñas... que cuando pensamos en la forma de hacerle llegar la receta a la cocinera, caímos en la cuenta de que no teníamos impresora y que tampoco se la íbamos a llevar en un pen drive, pues se supone que en la cocina no tendría ordenador la buena mujer. Entonces, como éramos

Paloma y yo los encargados del asunto... te he hablado de Paloma, ¿verdad?

–Sí, hijo, la mujer esa que entiende tanto de ordenadores y de programas para ciegos.

–Esa misma. Vale, pues entonces ambos acordamos que cada uno memorizara la mitad de la receta. Además, en ese momento entró Juan en la habitación y nos ayudó con el tema. Yo me ocupaba de los ingredientes, Paloma de la preparación y Juan de las cantidades.

–Dios mío, hijo. Me temo lo peor.

–No, no fue para tanto. La paella salió riquísima, no tan buena como las tuyas, claro.

–Gracias, mi niño.

–Pero el caso es que nos sirvieron los platos y todos comenzamos a comer, todos menos Luis, el intérprete, que no había llegado. A todos nos pareció deliciosa, incluso a Jeremy, el instructor, que no había probado una paella en su vida.

–¿Entonces, Mario? ¿Qué problema hubo?

–Pues para Jeremy que es estadounidense y no ha visto ni probado en su puñetera vida una paella, no hubo ningún problema. Y para nosotros, que sí que hemos probado multitud de ellas, tampoco.

–¿Entonces?

–Lo malo, o lo bueno. En fin, lo gracioso. Fue cuando llegó Luis a los pocos segundos de comenzar nosotros a comer y a alabar las virtudes culinarias de nuestra amiga mexicana, antes de sentarse en la silla dijo: «¡Qué es esto! ¡Esto está más blanco que el caballo blanco de Santiago! Pero, pero, pero es que ¿nadie le ha dicho a esta mujer que le ponga colorante o azafrán?». La carcajada fue escandalosa. Si vieras, mamá, yo me

tronchaba. Claro, mi memoria y la de mis compañeros es selectiva y ninguno nos acordamos del azafrán pese a que lo vimos en la receta de Internet. Bastante le va a importar a una pandilla de ciegos que la paella de las narices lleve colorante o no.

–Hay que ver, hijo mío, qué cosas os pasan, pero bueno, lo importante es que estaba buena, ¿no? Y el intérprete, ¿al final se la comió?

–Sí, pero tendrías que haber visto lo contrariado que estaba Jeremy, el instructor, que al principio le estaba encantando la paella y luego al ver la sorpresa de Luis se quedó paralizado y preguntaba si aquello se podía comer así o no. Aún me duele el pecho de reírme.

–Bueno, hijo, ¿y qué más me cuentas?

–Pues poco más. Te voy a tener que dejar ya, pues nos vamos a entrenar o a dar una clase teórica, no lo sé seguro, pero espera que voy a acercar la cámara a Cross para que lo veas, está dormidito en su rincón, le oigo respirar desde aquí.

–Sí, ya lo veo. Qué guapo es, Mario, tiene una carita de bueno... Hala, hijo, marcha, no se te haga tarde. Te quiero mucho. Y muchos besos de tu padre, que luego le diré que he hablado contigo. Yo en un rato me iré a la gestoría. Muchos besos para ti y para el peludete.

–Vale, mamá. Da besos por allí. Ya hablamos. Chao.

*Mamá. Menú de contexto. Finalizar llamada de voz. Menú. Salir de Skype. ¿Seguro que quiere salir de Skype? Sí. Enter. Menú inicio. Apagar. ¿Desea salir de Windows? Sí. Enter.**

* Los ordenadores de los ciegos hablan. Por ello reproducimos aquí tales parlamentos.

La musiquilla del ordenador de Mario me despertó. Yo ya conocía esa melodía, tanto la de encendido como la de apagado. Esta última a veces me sonaba a gloria y a música celestial, pues suponía que algo terminaba y otro algo comenzaría. En ocasiones significaba que me tocaba mi comida diaria, en otras que nos íbamos al parque o a dar un paseo, por ejemplo.

Esa tarde, cuando mi amo me hubo puesto mis aparejos, salimos al pasillo de las habitaciones a la hora acordada, como todos los días, a esperar instrucciones de Jeremy. El ritual consistía en que las seis parejas humanoide-perrunas nos poníamos en las puertas de las habitaciones, el amo se quedaba de pie, y el guía sentado tras recibir la consecuente orden.

A mí particularmente no me gustaba ni me gusta estar sentado, prefiero estar corriendo o andando o, mejor aún, tumbado. Sentarse me ha parecido siempre una postura intermedia totalmente absurda connotada siempre de espera. Y esperando esperando, allí estábamos.

Jeremy nos ordenó ir a un aula que se encontraba en la otra ala del edificio. Para ello pasamos por la recepción, aquel lugar de encuentros y despedidas que siempre me retrotraía al primer día que entré en ese edificio, pero sobre todo me recordaba al día que pasé llevado por Jeremy en busca de Mario.

En el aula nos colocamos todos desordenadamente. Algunos en una mesa redonda alrededor de ella, otros en un sofá que había, y el resto en sillas sueltas. Allí había unos quince perros y otros tantos seres de dos patas más Jeremy, Luis, el intérprete, y Margaret, la otra instructora.

Se juntaron los dos grupos, los que hablaban el idioma de Mario y los que hablaban el idioma del país donde nací.

–Bueno, chicas y chicos: hoy vamos a aprender cómo cepillar a nuestros amigos, ¿eh? Tenéis que tener en cuenta que vuestros guías van a pasar por todos los sitios públicos: hospitales, restaurantes, bibliotecas, trenes, autobuses, etcétera. Por tanto, el aspecto, su higiene, van a ser los vuestros, ¿comprendéis? Margaret os va a hacer entrega ahora de una bolsa. Contiene tres cepillos, uno que está hecho de metal de púas finas que servirá para quitarle los pelos muertos y desenredar; el otro cepillo, de goma, tiene dos caras, por un lado es masajeador y por el contrario, cuando se lo paséis a vuestro perro, le dará brillo. El tercero es un peine que sirve para la cabeza y las orejas, sobre todo. El primer cepillo, el más duro, jamás se pasa por la cabeza, ¿ok? Pues vamos a ello.

Cuando Jeremy terminó su discurso sobre el cepillado Mario ya tenía en su poder la bolsa. A mí, aquel sonido de los cepillos y la bolsa, junto al olor característico que este conjunto tenía, me gustaba mucho.

Nos dirigimos al otro lado del aula. Allí había varios bancos de cepillado y nos teníamos que subir allí para que nuestros amos procedieran. Yo ya había estado en estos bancos bastantes veces pero siempre con Jeremy o, en su defecto, con algún cuidador o con otros instructores.

Nos cepillaban a menudo. Ese juego de subirme al banco me resultaba divertido y, cuando lo hacía de la mano de mi instructor, no me atrevía a jugar a revolcarme por la superficie del banco o a saltar desde él hasta el suelo. Algún amago había hecho alguna vez, por qué negarlo, pero siempre venía detrás la contundente reprimenda de Jeremy.

Aquel momento era diferente. Mario era primerizo en aquellas lides, no era ni muchísimo menos tan duro como Jeremy. Eso habría que aprovecharlo.

Mario me dio la orden para que saltara al banco. Cuando ya estaba arriba cometió la torpeza imperdonable y maléficamente aprovechable de soltarme para buscar el cepillo dentro de la bolsa. Yo me tiré desde el banco hasta el suelo, fue un salto magnífico, ¡menudo chute de adrenalina!

Comencé a revolotear moviendo la cola exageradamente entre aquella maraña de piernas humanoides que estaban de pie cepillando a sus compañeros perrunos y entre aquellos guías que aún no habían subido a su banco correspondiente. Trinqué una bolsa con los tres cepillos pero me quedé con el que más me interesaba, el de goma; aquel era óptimo para el juego. Eché a correr para provocar al personal y se armó una tremenda algarabía. Todos reían, risa contenida, eso sí. Aunque los perros no me siguieron el juego, menudos sosos.

Me marché con mi presa hacia el otro lado del aula, donde antes habíamos estado y que ahora se encontraba desierta. Allí había un perro de mentirijillas, un perro estático, una figura de madera recubierta de algún material blando. Este perro creo que lo utilizaban para que, antes de entregarnos a nosotros a los amos, practicaran en la colocación del arnés y otros menesteres.

Os recomiendo que memoricéis la figura de este perro, pues días más tarde ocurrió algo más que reseñable con él, y muy pronto tendréis noticias de este suceso. Al verlo, solté el cepillo y me puse a olisquear al perro impostor. Olía igual que los muñecos esos blandos que tienen los niños humanoides encima de las camas y con los que tanto me gusta jugar y desmenuzar. Un olor característico, mezcla de polvo y jabón.

Estaba yo poniéndome ya en posición trepante, con la intención de saltar encima de mi amigo el muñeco, cuando noté en mi nuca algo cálido pero firme que me asía a la vez del collar y del pellejo. Me llegó al hocico el olor de Jeremy. Oh, oh... aquello llegaba a su fin. Efímeros escarceos los míos, breves momentos de embriaguez natural. En aquellas escapadas todo era como en un sueño, el tiempo no tenía valor, fuera breve o prolongado, no se medía. La sensación era de dejadez y desenfreno. Cada vez que me escapaba, por un centro comercial, por el campo, o me tiraba a un río o una fuente, era pleno frenesí.

En ese instante me importaba un bledo si me pillaban o no, si luego la reprimenda o el castigo era más o menos grande.

Tras la firme mano de Jeremy sobre mi pelaje vendría un severo grito que hizo callar a todos.

—¡Cross!

No hizo falta que pronunciara ninguna palabra más, me senté de inmediato y al instante me tumbé sumisamente. Miré con cara de pena primero al cepillo y más tarde al perro de juguete. Parecía como si estuviera pidiendo ayuda o apoyo a mi inerte amigo, sobra decir que él no me correspondió. Seguía con su estática mirada, posada en el punto en el cual previamente, de modo fortuito, alguna mano humanoide lo hubiera dejado. Aquella vez el destino quiso que los ojos del perro-muñeco estuvieran fijos en Jeremy, y por un momento me pareció que le lanzaba una mirada de reproche solidario, pero cuando comencé con mis gimoteos tal fantasía se desvaneció, pues allí seguía él con su eterno e infinito gesto. Mi instructor, cogiéndome del collar, me hizo caminar y me entregó a Mario, al cual le metió otra charla recriminatoria sobre la disciplina.

Otra vez de nuevo me hizo subir al banco. Jeremy se retiró a dar instrucciones al resto de alumnos, lo que aproveché para revolcarme un poco y mordisquear la mano de Mario mientras intentaba cepillarme con poco éxito y mucha torpeza debido a que mi actitud lo ponía nervioso. De poco servían aquellos amagos de bronca que él intentaba echarme, y yo seguía erre que erre con mi juego. No lo hacía por maldad, bueno, un poquito quizá, pero es que era superior a mis fuerzas. Yo tenía aún diecinueve meses, no era responsable directo de mis actos, además el ambiente era verdaderamente excitante. Quince perros con sus respectivos dueños y un amo joven e inexperto, si no aprovechaba aquello, ¿cuándo lo iba a hacer?

La verdad es que aquella tarde la lié parda. ¡Qué buenos recuerdos! Más tarde, meses y años después, os prometo que cada vez que Mario me cepillaba yo estaba quietecito y disfrutaba de ello.

–Hola, Palo.

–¿Palo?

–Sí, diminutivo de Paloma. ¿No te gusta?

–No mucho, pero a ti te lo consentiré. ¿Qué haces, estás tirado en la cama?

–Aquí tirado estoy, escribiendo un correo a Sandra, contándole lo del campo, lo de la paella y lo del cepillado, que menudos días llevamos. Estoy por escribir un libro o un diario de anécdotas, este Cross es un trasto.

–Si quieres me marcho y te dejo escribir. Además si quieres decirle alguna cosa bonita o alguna guarrería a tu novia la voy a escuchar.

–No digas tonterías, Paloma, ya termino. Siéntate, no te quedes ahí como una estatua, mujer. O si quieres te hago hueco aquí en la cama, si esto es muy grande. Ata por ahí a Mani o déjala suelta, que juegue con Cross.

«Menú archivo. Enviar correo. Microsoft Outlook diálogo. Este correo no tiene asunto ¿desea enviarlo como está? Aceptar, Cancelar. Cancelar. Asunto. Un día peculiar con Cross. Menú archivo. Enviar. Alt f 4. Jaws. Menú inicio. Apagar.»

–Echa para allá, tío, ¿para qué lo apagas?

–Estoy cansado ya de ordenador. ¿Tú nunca te cansas?

–No, ya sabes que yo me llevo mejor con ellos que con las personas, aunque a veces son un poco hijos de puta también y te juegan malas pasadas.

–No te rías así que se mueve hasta la cama, mujer. Mira qué tranquilita está Mani.

–Y Cross también ahora. Menudas te lía, macho. Qué perro más *colgao* tienes. Te lo llevarás a la *uni*, ¿no? Allí habrá *mazo* de jardines, ¿verdad?

–¿No has estado nunca en un campus?

–¿Dónde?

–En un campus universitario. En una universidad. Claro que me lo llevaré, aunque con un poco de suerte ya termino este año.

–Pues ni me acuerdo si he estado alguna vez en un campus de ésos. Y cuando termines la carrera, ¿qué carajo harás?

–Quiero montar un negocio. Una pequeña empresa de digitalización de archivos. Para que me entiendas, tú sabes que aún hay muchas empresas e instituciones que trabajan mucho con papel, que tienen documentos antiguos que quizá no les sirven para mucho pero que no quieren deshacerse de ellos. Pues yo ofrecería mis servicios de escaneo, clasificación y archivado de tales documentos. No se precisa mucha inversión para ello y probablemente lo pueda hacer yo solo, con alguna pequeña ayuda puntual.

–No sé, suena un poco raro, ¿eso funcionará? *Joer*, ¿y para eso tanta carrera? Si al final los jóvenes de hoy sois más tontos que nada. Estudias Empresariales o Económicas de ésas o como vainas se llame para terminar en un cuartucho escaneando documentos al personal.

–Es una idea, Paloma, tengo que sopesarla, mirar las ayudas institucionales para ciegos y esas cosas.

–Sí, sí, claro. Las ayudas. Esas que nos traen a casa todos los meses. A mí me echan cada semana en el buzón un sobre con tres mil euros.

–Ya hemos despertado a Cross, le gustan nuestras risas.

–Cambiando de tema, me ha comentado Juan una cosa que te partes. Dice que aquí en la escuela hay una broma típica que se hace con el perro ese de peluche con el cual nos estuvieron enseñando a poner el arnés. Sí, con el muñecote ese con el que estuvo jugando Cross antes cuando se te escapó.

–Sí, sí. Sé qué perro dices, pero dime ya, qué demonios hacen con él.

–¿Demonios? Pero qué fino eres hablando, tío, no sabes decir, pero ¿qué coño? Bueno, que cogen al perro en cuestión y...

Las risas de aquellos dos comenzaron a despertarme. Me sacaron poco a poco de mi profundo sueño, pero en ese momento, cuando Paloma y Mario estaban hablando, llamaron a la puerta y al instante entró Miguel.

–Hola, chicos, es ya la hora de la cena. Me han dicho que os avise, pues estamos todos menos vosotros.

Miguel decía todo de manera desganada, como si los demás fueran inferiores y no merecieran su energía. Su labrador blanco, Big, era también igual que él, de gran tamaño. Yo nunca volví a ver un perro de aquella raza de tales dimensiones, pero aunque no muy simpático Big lo era más que su amo.

–Gracias, Miguel, en un minuto vamos. Pasa si quieres, que Paloma me estaba contando no sé qué de una bro... Bueno, bien, ya vamos.

Paloma le había soltado a Mario tal patada en la pierna que éste no pudo terminar la frase. El golpe se escuchó y la interrupción quejicosa de Mario fue notoria, pero aun así aquel gigante barbudo de hielo ni se inmutó y se limitó a repetirles el recado que había traído.

–Ya vamos, coño –musitó Paloma con voz grave y entre dientes resbalándole la rabia por la garganta.

Aquél, ni enfadado ni ofendido, ni alegre ni triste, cerró la puerta tras cumplir su misión y se marchó al comedor a cenar o a seguir cenando. Mario y Paloma se levantaron de la cama renegando sobre la hora tan temprana en la que se cenaba en aquel país. Cuando nos pusieron la correa y el arnés a Mani y a mí nos dirigimos los cuatro hacia la puerta de la habitación.

Ambas parejas caminamos en paralelo. Mani guiaba a

Paloma y yo a Mario. Ellos se miraban mientras hablaban y nosotros también nos echábamos alguna que otra mirada.

A mí Mani me atraía mucho, aunque naturalmente esto dentro de mis limitados y desnaturalizados instintos. Me inspiraba mucha ternura. Su mirada era muy dulce, algo triste y melancólica, parecía más cachorra de lo que era; tendría unos dieciséis meses. Olía genial: su cuello olía a hierbas frescas, su lomo a tierra limpia y su trasero... me olía mejor que ninguno y punto.

De pronto Mario volvió a recordar la inconclusa e interrumpida conversación y le preguntó a su amiga que qué era aquello de la broma y que por qué no había consentido que Miguel lo supiera.

–Tira ya de una vez al comedor y no preguntes tanto, larguirucho –le espetó a su amigo con tono fingido de enfado, mientras le soltó una sonora colleja.

Sonó el despertador de mi dueño «las cinco de la mañana, las cinco de la mañana, las cinco de la mañana...». Allí todo hablaba. Mario lo apagó y remoloneó unos segundos, me miró tras dar la luz y me dedicó su mejor sonrisa, todas las mañanas lo hacía.

Me dio los buenos días y de repente comenzó a sonar su ordenador, que había dejado encendido la noche anterior.

«Llamada de Skype, Sandra llamando, Sandra llamando. Responder. Enter.»

–Buenas noches, Mario.

–Hola, buenos días.

–Cierto, buenos días. Tienes cara de cansado. ¿Te encuentras bien?

–Acabo de despertarme y para colmo he tenido una pesadilla. Soñaba que iba por la calle y, por la razón que fuera, Cross se me escapaba, no sé si por llevarlo mal agarrado, por cogerlo flojo o por no saber cogerlo. No tengo ni idea, y tengo mucho sueño para poder pensar ahora sobre eso.

–Pues yo acabo de cenar, voy a repasar un rato y me acostaré. Mis padres están viendo la tele. Te han mandado recuerdos.

–¿Tus padres se acuerdan de mí? Pues como te iba diciendo, lo he pasado mal, muy mal, debo de estar obsesionado con que se me pueda escapar. Llevo unos veinte días con él, las veinticuatro horas del día, y somos ya inseparables. Te conté en un e-mail, como recordarás, que un día se me escapó en un centro comercial, imagina que eso lo hace en un sitio donde pasen coches cerca.

–Pues claro que se acuerdan. Les conté el otro día que estabas allí en Estados Unidos. Ah, claro, visto desde ese punto de vista te comprendo, Mario. No obstante te tendré que dejar pronto, pues imagino que deberás marcharte ya. ¿Hoy vais al centro de operaciones de la ciudad o vais a visitar otro sitio?

–No tengo ni idea.

–¿Y Cross? Hoy no se ha asomado a saludarme. Cross, Cross, Cross. Ni caso, qué tío.

–Está el pobre esperando que lo saque. Te dejo, ¿ok? Un beso.

–Chao, pequeños. Besitos para los dos.

Yo allí esperando y literalmente a punto de hacérmelo encima y la cursi aquella entreteniendo a Mario. No hice ni puñetero caso a esa conversación, ni tampoco lo hice a sus llamadas. Los perrunos nos podemos hacer los sordos o los tontos o los ciegos y nadie nos lo puede echar en cara, al fin y al cabo somos simples perros. Vale, sí, lo reconozco, tengo el hocico muy duro, pero bastante hacemos ya.

El día transcurrió como siempre: jardín, ducha de Mario, puesta de aparejos, desayuno de dueños, rutinaria entrada a la furgoneta, rutinarios recorridos por la ciudad, rutinarias esperas mientras ellos jugaban a los rutinarios chinos y el día iba llegando casi a su fin con la rutinaria rutina.

Por la noche, tras la cena, dimos una clase teórica; después, todos menos Miguel se fueron a tomar café o refrescos a la cafetería.

El lugar tenía tres mesas dispuestas en paralelo con sus respectivos bancos a cada lado, y al otro lado había un par de máquinas, una con refrescos y la otra no lo recuerdo bien, creo que agua o algo así, y también había un fregadero y dos jarras que las empleadas siempre se ocupaban de que tuvieran café.

Estábamos colocados de la siguiente manera: Paloma y Mario uno frente al otro en una de las mesas, y en la mesa de al lado Alejandro, Julio y Juan, evidentemente cada uno con sus respectivos perros tumbaditos en el suelo a los pies de su dueño.

Juan se levantó y le dio dos toques en el hombro a Julio, y éste asintió con la cabeza a la vez que cogía por un segundo la mano de Juan. Después, éste se dirigió a nuestra mesa para realizar la misma acción con Mario y Paloma. Al único que no le dio toques fue a Alejandro. Aquella discriminación era prometedora, ciego abusando de la ceguera de otro ciego, algo se cocía. Todos asintieron con un leve movimiento de cabeza, y tras este gesto a todos se les dibujó en el rostro una tenue pero maléfica sonrisa. Incluso a Julio entre los resquicios de su inocencia se le escapaba, como se escapa el vapor de un puchero, una sana maldad.

Al rato la sonrisa se volvió carcajada contenida cuando Juan regresó de Dios sabe dónde con aquel perro de juguete y fue poniéndoselo uno a uno a sus amigos en el regazo durante unos segundos menos a Alejandro. Alejandro y Julio mantenían un aburrido debate sobre cuál de sus dos perros era más tranquilo y obediente. El perro de Alejandro, mejor dicho, el perro que era de Alejandro. Esto lo aclaro, puesto que los seres de dos patas se ofenden con estas cosas; mucho dicen querernos, mucho dicen admirarnos y luego usan nuestro nombre, el buen nombre de nuestra especie como si fuera un insulto.

Bueno, a lo que iba. Tobi era un labrador blanco demasiado tranquilo, yo jamás lo vi jugar, aunque quizá sí que jugaba pero en la intimidad, cuando su amo lo exoneraba del arnés. Alejandro era también tranquilo. Su rostro era muy sereno, el pelo lo tenía bastante canoso y una barba del mismo matiz. Era como si el color de aquel pelo fuera buscando con el paso de los años la concordancia estilística con el blanco pelaje de su perro.

Cuando Juan hubo enseñado a sus amigos al perrucho impostor lo dejó encima de la mesa de Paloma y Mario. Al pasar por allí dos empleadas de la residencia una de ellas le dio un codazo a la otra y ambas se llevaron la mano a la boca para disimular la risa.

Una vez dejado el muñeco en la mesa Juan, que había venido sin su perro pero con la correa en la mano, enganchó rápida y sigilosamente a Tobi, y con la otra mano, estirándose con gran esfuerzo, cogió al perro-muñeco que Paloma le facilitó y enganchó el collar de éste en la correa de Tobi, que Alejandro tenía bajo su trasero.

Mientras tanto, en la mesa, Julio seguía dándole cháchara a Alejandro ahora con mayor efusividad para disimular.

Juan volvió al instante con su propio perro y se incorporó a la conversación. Éste, de manera más que intencionada, derivó la charla al tema anterior y les comenzó a decir a sus interlocutores que el perro de Alejandro, Tobi, era sin duda el más tranquilo del grupo. Todos menos Alejandro, claro está, se pusieron rojos al tener que aguantarse la risa.

–Miradlo ahí, qué quietecito que está. Si parece un muñeco, el pobrecito. Aiss, qué bueno que es –comentó Juan con aire socarrón.

Ya en ese momento la contención era más que difícil y alguna carcajada escapó de su prisión, pero Alejandro sonrió orgulloso probablemente pensando que tales risas eran producto de la envidia que los otros tenían sobre la sumisión inequívoca de su perro.

El grupo siguió un buen rato de charla. Cambiaban de un tema a otro, y a veces se pedían opinión sobre algún tema en concreto de una mesa a la otra.

Alejandro allí seguía sentado con su nuevo amigo, el perro de juguete. Al ver que aquello se prolongaba, Juan y Julio comenzaron casi al unísono a fingir bostezos y a decir que ya era tarde, que mañana había que madrugar y que pronto habría que marcharse a dormir, pero Alejandro enseguida les sacaba a colación otro nuevo tema del que hablar y allí seguían otro rato más.

El fin de la broma, el momento álgido, el culmen, parecía no llegar. Era como si la víctima, aún sin saber que era de tal condición, estuviera prolongando su desenlace. Aunque quizá dicha prolongación fuera en su contra, ya que cuanto más tiempo se mantuviese en calidad de acompañante de un perro de juguete más solidez le daba al asunto.

Por fin Alejandro dijo que sí, que llevaban razón, que ya era tarde.

–Bueno, chicos, pues mejor nos vamos a dormir. Hay que ver Tobi qué tranquilito que está aquí, el tío ni se menea.

Tras decir esto Alejandro la tensión se podría haber cortado perfectamente con un cuchillo.

–Qué bueno que es mi pequeño. Ya os lo decía yo, tranquilo como él solo, no da guerra ninguna. No como Cross, que no para quieto. ¿Verdad, Mario?

–Sí, sí, verdad, verdad –contestó Mario desde la otra mesa.

–Bueno, chicos, lo dicho. ¡Vamos, Tobi! ¿Tobi? ¿Tobi? Pero muchacho, vamos, que tenemos que dormir. ¿Quién ha sido el...? ¿Quién me ha...? Seréis... ¡Panda de...!

Tras la carcajada de Alejandro vinieron a coro las de los demás. En menos de un segundo se personaron allí las dos empleadas y también Luis, el intérprete, que ya traía con una correa a Tobi.

Aquel ambiente tan amistoso me gustaba, pero algo me daba en el hocico que pronto terminaría, que en unos días aquellos compañeros se separarían para siempre. O quizá no para siempre, a lo mejor luego quedarían para pasar unos días juntos, si bien no todo el grupo dos o varios miembros. Y por tanto, nosotros, los perrunos, también quedaríamos, quiero decir que también nos veríamos, que nos encontraríamos, vaya.

Nosotros no telefoneamos, no llamamos al timbre para decirle a un amigo que si baja a tomar algo. No acostumbramos a hacer estas cosas, pero, eso sí, los perrunos guía nos parecemos en cosas muy concretas a nuestros propios amos, por lo menos en cuestiones sentimentales. Quiero decir sentimentales entre ellos y nosotros. No sé quién depende más de quien. Yo no podría comer sin él, o igual sí, los perrunos somos cazadores natos pero los seres de dos patas se han encargado de modificar la Naturaleza para que solamente ellos puedan sobrevivir, el resto de especies tenemos que pedir permiso o depender de ellos para hacerlo. Si estos no hubieran creado las ciudades habría por ahí animalillos sueltos que cazar, frutos frescos que comer, ríos o riachuelos de los cuales poder tomar agua, pero no, todo eso lo han eliminado y así ellos tienen su agua canalizada por tuberías. Sus animales, los de comer, los tienen ya muertos y guardados en tiendas. El agua no fluye libremente, naturalmente, los animales no corren por ahí. En resumidas cuentas, ellos se han montado a su antojo la cadena alimenticia, pero creo que no son felices del todo. O todos no son felices.

Al resto de las especies no nos ocurre eso. Puede que estemos tristes por un momento cuando nos dejan solos en casa, por ejemplo, yo al menos lloriqueo, pero en décimas de segundo ya regresa la alegría y comienzo a mover el rabo. Ellos no. Ellos, si tienen un problema e incluso cuando ya se les ha solucionado, siguen erre que erre, dándole vueltas y sufriendo vanamente. Por otro lado, en cuanto a lo afectivo entre un perruno guía y su amo, se crea un sentimiento sólido y recíproco que hace que las dos partes se parezcan, se quieran y se necesiten tanto que terminan por ser una sola. Lo increíble de esto es cómo dos miembros de distinta especie animal, de proceder tan distinto, puedan llegar a estar tan unidos.

Mario también depende de mí, en cierta manera, claro. Antes de llegar yo a su vida, iba siempre con un bastón blanco o iba con alguno de su propia especie agarrado del brazo. Entre ellos no se ponen arneses ni correas, debe de ser por eso que llaman «sentido del ridículo».

En ocasiones cuando ha ido a algún sitio que no puede o no quiere o no debe llevarme he visto que coge ese maldito bastón blanco, le tengo mucha manía a ese aparato. Cada vez que Mario lo descolgaba de la percha donde lo tenía significaba que Cross se quedaba triste y solo, y cuando hacía esto me dejaba atado o encerrado en el pasillo. Creo que lo hacía para evitar algo, no sé bien el qué. Quizá pensaba que si me dejaba abierto el salón le destrozaría por despecho el sofá o el sillón. No iba mal encaminado.

Estoy seguro de que nuestros amos también nos echaban de menos cuando no íbamos con ellos. Nuestra relación no es igual que la del resto de perrunos y sus amos, me refiero a esos perrunos que llaman mascotas o algo así, y que no les dejan pasar a todos lados como a nosotros. Esos perrunos deben de estar todo el día solos en casa hasta que su dueño llega de trabajar o de donde sea. Nosotros no. Nosotros estamos todo el día perruno y amo juntos, las veinticuatro horas que tiene un día. El vínculo no es el vínculo de dos seres, es mucho más que eso, es una unidad formada por dos seres de distinta especie. El uno y el otro son uno al mismo tiempo.

Yo estaba triste si Mario lo estaba, y estaba nervioso si Mario lo estaba.

A mí, con el paso del tiempo, prácticamente no me hizo falta que Mario pronunciara ninguna orden, cuando él pensaba en un sitio yo inmediatamente intuía por su energía qué sitio era ése.

Naturalmente esta unión tardó tiempo en forjarse y los inicios fueron difíciles para ambos. A los dos nos costó al principio acostumbrarnos. Yo me rebelaba, había tenido muchos cambios afectivos y emocionales hasta entonces, y quería ponerlo a prueba. En ocasiones, ya en su país, me ponía a jugar cuando él me daba alguna orden.

Hubo una vez que lo saqué de sus casillas: íbamos por las inmediaciones de su casa, la de sus padres, yo lo guiaba, y de repente me paré sin ton ni son. Comencé a dar saltos desordenadamente de un lado a otro. Mario se desesperaba gritando mi nombre, y yo continuaba saltando como un saltamontes en una jaula y, por más que acortaba la correa, yo no cesaba mi juego y hacía oídos sordos a sus gritos. Aquello era muy divertido.

El pobre se desesperó tanto que comenzó a mirar de un lado para otro como pidiendo ayuda. Al final paré, le lamí la mano y ya me lo tenía ganado de nuevo.

Eso fue cambiando poco a poco como van cambiando todas las cosas importantes. Sólo nos damos cuenta de estos cambios cuando se han producido. Primero, dos seres uno frente al otro. Conociéndose, observándose, poniéndose a prueba. Después el afecto crece, la dependencia llega, y finalmente los dos seres son uno.

Los días de la escuela junto a Mario fueron muy intensos, pero más para él que para mí. Recuerdo que meses más tarde, años más tarde, seguía hablando con sus amigos y familiares sobre el tiempo que allí estuvimos. Yo, por entonces, tenía unos sentimientos hacia Mario algo extraños, aún no era aquella devoción que más tarde tuve hacia él cuando ya vivíamos en su país. Eran unos sentimientos en los cuales se juntaba la excitación que me producía la novedad mezclada con el porvenir. La novedad de hacer los entrenamientos con él, la novedad de dormir en la residencia y en la misma habitación que él.

Mi corazón se encontraba partido aún. Partido entre la disciplina severa y la dependencia de Jeremy y el amor a mi amo y las ganas de servirle y sentirme útil para él.

Hasta mi hocico estaba sentimentalmente dividido. Por un lado me atraía el olor a tabaco de Jeremy, y por otro el olor tan suave y joven que tenía la piel y el pelo de mi dueño, como a galleta lejana.

Yo por entonces imagino que a Mario ya lo quería mucho, pero cuando veía a Jeremy, mi entrenador, se abría en mí un interrogante que yo no controlaba. No sabía bien quién era mi amo, pero a Mario sin duda ya lo quería, pues por entonces fue cuando comencé a tener una pesadilla que se repetía de vez en cuando. La tuve durante todos los años en los cuales serví a Mario como perro guía.

Soñaba que estaba con él suelto en un parque o campo o que me tenía atado con mi arnés y correa en posición de trabajo y yo me escapaba. Hasta esa parte el sueño era divertido, pero luego yo corría por una serie de calles desconocidas o por caminos campestres, según el caso, y cuando ya me cansaba de correr y me apetecía encontrar a Mario éste no aparecía. Yo daba vueltas y vueltas, recordaba su delgada y alta figura, su aguda voz, su olor a galleta lejana... A través del recuerdo intentaba seguir su rastro pero él no aparecía. Era desesperante, nunca aparecía. Al final era tan grande la angustia, tan fuerte el dolor de la pérdida, que el corazón se me aceleraba tanto y el cuerpo se me estremecía tanto que me despertaba escuchando mi propio llanto.

La mayoría de las ocasiones Mario estaba acariciándome la cabecita e intentando tranquilizarme, pero otras veces él no estaba y, por tanto, tardaba más tiempo en asimilar que aquello no había sido real.

Yo no me había sentido nunca dependiente de alguien hasta conocer a mi entrenador. Cuando nací estuve unos tres meses en los criaderos de la escuela. Eso, naturalmente, no lo recuerdo muy bien. Lo que sí que recuerdo mejor es que, al pasar ese tiempo, me llevaron a vivir a casa de una familia de seres de dos patas. Ellos eran cuatro, dos adultos y dos niños y recuerdo perfectamente la imagen de todos, lo que no recuerdo bien es el sonido de sus nombres, pero con ellos no tenía el sentimiento de pertenecer a nadie.

Puede que sí que dependiera de ellos pues me daban la comida. Cuando llegaba la hora de comer, si ellos no estaban cerca yo me angustiaba, pero eso sí, no tenía por dueño a ninguno de los cuatro, prácticamente quien ejercía de dueña era la mujer.

Con los dos niños jugaba mucho, nos hacíamos trastadas mutuamente. Cuando llegué yo tendría tres o cuatro meses, y ellos cuatro o cinco años uno, y cinco o seis años el otro, pero los años de humanoide no son como los nuestros, prácticamente se podría decir que los tres teníamos la misma edad.

Ellos disfrutaban haciéndome rabiar. Me tiraban del rabo y de las orejas, pero yo no me enfadaba, por el contrario, me divertía y les daba cuidadosamente algún que otro bocado o zarpazo. Alguna vez se asustaban por esto, pero sus padres no me regañaban, a ellos sí.

Yo ponía carita de bueno cuando los veía llorar. Esto me daba cierta posición de poder frente a los padres, los cuales terminaban regañando, eso sí, suavemente, a los niños. Solían hacerlo con frases tales como: «Si él no quería hacerte daño», «Si es que no paráis de hacerle perrerías», «Si él es muy bueno»...

Como os iba contando, la mujer era quien básicamente se ocupaba de mí, me daba de comer, me cepillaba, y me solía llevar al jardín o al parque a que hiciera mis cosas.

En aquella época yo no tenía que trabajar. Por lo visto, aquello era un proceso de aprendizaje que consistía en que tendría que acostumbrarme a pasar a sitios donde normalmente un perruno no pasa. Para mí era un chollo pues, sin pegar palo al agua, pude pasar a tiendas, restaurantes, trenes y algún avión. A veces mis *pseudodueños* tenían broncas con los empleados de estos establecimientos pero yo no me enteraba de nada. Supongo que no les gustaba –bien por desconocimiento, bien porque eran idiotas de nacimiento– que un ser peludo entrara en su recinto.

Llevaba un chaleco en el cual ponía algo referente a mi condición de estudiante de perro guía. Cuando había bronca con alguien de estos establecimientos mi *pseudodueña* siempre señalaba a mi chaleco, pero la mayoría de las veces el idiota intransigente se encogía de hombros. La escena solía terminar cuando venían unos humanoides con gorra, vestido todos igual, en un coche muy gracioso que tenía luces en el techo y todo.

Yo los quería mucho a los cuatro y pienso que ellos me querrían también, incluso más que yo a ellos. Cuando nos despedimos yo tenía ya un año y fue muy duro para ellos. En aquel momento no me enteré de que eso era una despedida, los niños no estaban presentes.

Noté a los dos adultos muy tristes aquella tarde pero pensaba que sería por alguna cosa personal de ellos. Me acariciaban más de la cuenta, sobre todo él, que aunque siempre fue bueno y atento conmigo no me hacía tanto caso como su mujer. Parecía como si quisiera recuperar en horas el tiempo perdido.

Ella, por el contrario, se podría decir que me evitaba, como si quisiera romper un vínculo que nos unía y que cuanto antes lo rompiera antes se marcharía la pena. Evitaba mirarme a los ojos, pero cuando lo hacía los suyos se humedecían y se los tapaba con la mano. Yo me contagié de toda aquella tristeza.

Sonó el ruido de un vehículo en la calle. Estábamos los tres sentados en el salón de la casa, ellos cada uno en un sillón y yo en mi colchoneta. Levanté las orejas al escuchar el ruido y se miraron el uno al otro. Ella no pudo reprimir ya el llanto y se acercó a mí, se arrodilló y me abrazó con fuerza empapando mi cabeza con sus lágrimas. Cataratas de lágrimas que me iban mojando a la vez que pronunciaba una y otra vez mi nombre entre sollozos.

Él se levantó y le cogió la mano a su mujer. Con la otra mano acarició mi empapada cabeza, lo miré y tenía los ojos enrojecidos como si le fueran a estallar. Tras unos segundos ella lo miró a él como si con aquella mirada quisiera decirle algo, y su marido asintió con la cabeza entendiendo aquel lenguaje secreto, supongo que aprendido y forjado en los años de convivencia. Ella se levantó con dificultad y él se echó a un lado, cogió mi correa y, abriendo la puerta de la calle que comunicaba directamente el salón con el jardín, me llevó afuera.

Miré hacia atrás cuando pasábamos la valla que separaba la casa de la calle. Sorprendentemente ella ahora no estaba llorando, aún tenía los ojos afectados por el llanto y las mejillas marcadas por la humedad, pero ocupaba todo su rostro un gesto de alegría incontenida. Sonreía mostrando todos los dientes. Entonces, sólo entonces, lo comprendí todo.

Su marido me entregó a una chica que era la que conducía la furgoneta, se saludaron con un fuerte apretón de manos y la chica, que se presentó como Margaret, miró a mi efímera dueña dándole las gracias por todo.

La despedida como acto de amor, otra de tantas despedidas. El trabajo de meses convertido en orgullo, la nostalgia anticipada convertida en alegría a través de la esperanza. Sentir que quizá no me volvería a ver más. Sentirse satisfecha por la hazaña realizada, por tantos meses de amor y verme crecer, verme jugar con sus hijos. Seré un recuerdo imborrable en el tiempo, retazos de ternura que pasarán de cuando en cuando por su mente, por su corazón. Pensará en el ciego o la ciega para quien seré útil y sonreirá, sonreirá sin duda con lágrimas en los ojos. Llorará, llorará sin duda mostrando sus blancos dientes por la alegría. La despedida como acto de amor.

Iban pasando las etapas de la vida, de mi breve vida. O era yo quien iba pasando por ellas.

Los humanoides no saben amar sin apego. Ellos tienen a sus hijos y tienen que saber siempre de ellos. El contacto no lo rompen nunca, romperlo sería ir en contra de su propia naturaleza, de la naturaleza que ellos mismos se han creado para ellos.

Nosotros criamos a nuestros hijos y los dejamos libres cuando ya no nos necesitan, libres para que realicen su misión. En esto sí que se nos parecen aquellos humanoides dedicados al adiestramiento o a la acogida temporal de perrunos. Ellos nos adiestran o nos acogen en su casa y querernos nos quieren, claro que nos quieren, pero están con nosotros hasta que no nos son ya necesarios, y después nos dejan marchar. Y lo hacen sin duda con pena, pero sin apego. O al menos seguro que evitando el apego.

Al día siguiente de haberle gastado la broma del perro de juguete a Alejandro la conversación en el desayuno giraba en torno al hecho en cuestión. Luis se lo traducía a Jeremy en su idioma y éste se tronchaba de risa.

Tras terminar el desayuno, Jeremy les explicó a sus alumnos que ese día irían al edificio de la ciudad a hacer unos recorridos como casi siempre, y por la tarde iríamos a un parque para hacernos una foto de grupo. A todos les pareció una idea estupenda y pude notar desde debajo de la mesa la alegría que les dio. Esto sonaba a que ya les quedaba poco tiempo para concluir el entrenamiento.

El lugar era pequeño y hermoso. Piedras pálidas en forma de figuras humanoides y de otras especies animales que no conocía. El color verde de la perfecta hierba dispuesta en perfectos rectángulos, adornados éstos con olorosas flores, de sabrosos y esponjosos capullos.

Los olores, flores, piedras y hierba. Los colores, la luz del atardecer bañando todo por igual pero con diferente tono cada cosa. Los sonidos, de pájaros, coches lejanos, las historias de la gente que pasa, los pies moviendo la tierra. Todo era idóneo para evocar unos minutos de tranquilidad. Me hubiera quedado horas y horas tumbado en aquella piedra fresca del suelo.

Nos hicieron muchas fotos. Primero varias a todo el grupo y luego otras tantas por parejas, cada amo con su perro o cada perro con su amo. Yo hasta entonces no sabía qué era aquello de las fotos hasta que, meses más tarde, vi nuestra imagen colgada de la pared de la habitación de Mario en la casa de sus padres. Tenía dos fotografías, una con todo el grupo y otra en la cual estábamos sólo los dos.

Aquellas fotografías siempre las conservó. Luego, cuando nos fuimos de casa de sus padres a vivir con su segunda novia, o al menos la segunda que yo conocí, las puso en el salón para que todo el mundo las pudiera ver, pero no olían, ni a piedra, ni a hierba, ni a flores esponjosas. Tampoco olían a mí, ni a Mario.

Parecía que los muchachos también se habían contagiado del sano ambiente del parque. Estaban alegres, se sonreían los unos a los otros, se gastaban bromas, todos menos

Miguel, que permanecía tieso como las estatuas de piedra. Incluso éstas tenían un semblante más simpático que el suyo.

Todos sabían e intuían que aquello llegaba a su fin, querían aprovechar esos últimos días de aventura juntos en aquella formidable manada de perrunos y humanoides.

Cuando terminamos la sesión fotográfica regresamos a cenar a la escuela. Jeremy no vivía en la residencia pero siempre desayunaba, comía y cenaba con nosotros en el comedor. En la cena de aquella tarde les explicó a sus alumnos que, como ya estaban terminando su instrucción, tenían que pasar al cabo de unos días una prueba final.

Esta prueba consistía en que todos los alumnos subirían a la furgoneta con Jeremy y Luis y darían varias vueltas por la zona donde se encontraba la escuela. Después se irían bajando de la furgoneta en parejas. Me refiero parejas de humanoides cada uno con su perruno. La elección de los puntos donde se bajaría cada uno era arbitraria. La prueba consistía en regresar a la escuela desde el punto en cuestión, mejor dicho, saber regresar, poder regresar o intentar regresar.

Me dio rabia porque parecía que Jeremy le daba importancia exclusivamente a los alumnos humanoides. ¿Y nosotros? ¿Qué es de nuestro protagonismo? ¿Y si el tío este se desorienta y yo sé ir a la escuela, cómo se lo explico? ¿A ladridos? A veces nos sentimos impotentes, pues te das cuenta de que tu amo se ha desorientado e intentas reconducirle y él erre que erre, vuelta la mula al trigo, queriéndote llevar por el sitio erróneo y encima tú te llevas la bronca. En raras excepciones el humanoide de las narices se da cuenta y te pide perdón. Rara especie, ¿verdad?

A mí me daba miedo la experiencia, pues ni Mario ni yo conocíamos del todo la zona, pero imaginé que esa prueba llevarían haciéndola mucho tiempo y a buen seguro todos los que la habían hecho y habían regresado sanos y salvos, o al menos habían regresado. Además, Mario no hablaba demasiado bien el idioma de aquellas gentes, pero la aventura, para ser sincero, me llamaba la atención.

Menú inicio. Programas. Skype. Contactos. Mamá. Menú de contexto. Llamar.

–Hola, mamá.

–No, soy yo, Mario. ¿Qué tal, hijo mío? Cuánto tiempo.

–Hola, papá. Bien, bien, recién despertado. ¿Y vosotros?

–Nosotros bien. Tu madre se ha quedado dormida viendo la tele, por eso hablo bajito. Tenía esto conectado, supongo que querría hablar contigo aunque fuera tarde, que mañana no madrugamos.

–Qué suerte, aquí madrugamos todos los días, padre.

–Ya, ahora la despierto si quieres, tendrá ganas de escucharte, pero cuéntame cómo va todo.

–Va perfecto, ya nos queda poquito. Me da pena irme pero tengo ganas de veros y de que conozcáis a Cross. Mejor déjala dormir, que no tengo mucho tiempo y tengo que sacar a Cross y luego desayunar. Además ayer hablé con ella.

–Pues no te imaginas nosotros qué ganas tenemos de teneros aquí a los dos. Me contó que estuvisteis hablando un rato. Por cierto, ¿tenemos que preparar algo?

–¿Algo de qué?

–No sé. Pienso para Cross o algún cacharro de comida. Ya sabes que nunca hemos tenido perro y estamos muy verdes en esto, hijo.

–No, no te preocupes, aquí nos han dado una lista con los piensos recomendados, todos de gama alta, claro, hay que cuidar al pequeño. El cacharro igual sí sería bueno que lo comprarais, uno que sea metálico y grande de esos redondos, no de los de plástico que llevan para agua y comida. Aquí tenemos sólo uno y el agua se le da en el mismo recipiente tras la comida.

–Vale, vale. Mañana sábado me pongo manos a la obra. ¿Qué vais a hacer hoy?

–Hoy haremos algo muy chulo además de inesperado.

Me desperté escuchando a Mario hablar, le estaba contando a alguien el asunto de la prueba final, aunque no supe hasta unos segundos más tarde si lo estaba soñando, pues mi último pensamiento de la noche tuvo que ver con ello.

Cuando me despejé vi a Mario frente al ordenador. La luz de la habitación estaba apagada y sólo se veía la luz del aparato reflejada en la cara de mi dueño; no llevaba aún las gafas de sol, estaba con la ropa de dormir y los ojos medio cerrados. Porque aquél era mi amo, que si no me daría miedo con ese careto de zombi y aquella luz grisácea y azulada que bañaba su rostro dándole un toque fantasmagórico.

Mario, al oír cómo me relamía y el cambio del ritmo respiratorio, miró hacia atrás y le dijo a su padre que yo ya me había despertado. Comencé a mover la cola de inmediato, me levanté para saludarlos pero mi collar le recordó a mi pescuezo que aún dormía atado con la cadena puesta. Mario se levantó y me desató. Pronto me puse a buscar algún objeto con el que obsequiarle por darme la libertad, libertad de poder moverme entre las cuatro paredes de la habitación, pero libertad al fin y al cabo.

No encontré más que una zapatilla de deporte. La pillé y comencé a dar vueltas alrededor de Mario haciendo mi ruido de estar contento que consistía en una especie de ronroneo, gruñido, algo complicado de explicar por aquí. Mario me perseguía para arrebatarme la pieza y su padre se reía. La risa sonaba distorsionada a través del ordenador, me acerqué al aparato y vi su risueño rostro que me saludaba con una más que generosa sonrisa, pronunció mi nombre saludándome y yo solté en ese momento la zapatilla.

Mario se sentó de nuevo y se despidió de su padre mientras yo me revolcaba por el suelo del cuarto para quitarme los picores de la dormida.

Había estado hablando con el padre un buen rato, y mezclé su conversación probablemente con mis sueños. Si es que sueño conversaciones, claro. Ellos, los humanoides, hablan en diferentes idiomas, algo absurdo, totalmente absurdo. Imaginaos que los caniches hablaran un tipo de lengua o que ladren de otro modo distinto a los golden o a los pastores belgas o alemanes. En verdad cada perruno, cada individuo, ladramos diferente según tamaño o quizá raza, pero solamente cambia el timbre y el volumen con que se emite. No obstante, cualquier ladrido es «guau, guau» y punto, ni más ni menos, y además significa siempre lo mismo.

A mí la verdad que no me apetecía que me ocurriese nada, ni tan siquiera gracioso. Que le ocurra a Juan y a Thor o a Paloma y Mani o a Kem y Julio o a Big y su inadaptado amo, que ya el resto nos reiremos de lo que suceda, pero no me apetecía a mí ser protagonista o coprotagonista de ninguna anécdota.

Me dolía un poco la barriga y por otro lado estaba deseoso de aventura. Mi cabeza daba vueltas, se hacía muchas preguntas. Quizá nos perdiéramos. Quizá nadie nos encontraría.

Bueno, vale, venga, os diré la verdad. Todo esto me lo estoy inventando, los perrunos no somos tan idiotas como para comernos el coco por cosas que no sabemos si pasarán o no, pero tenía que darle emoción al asunto. Eso sí, intuir sí que intuimos el peligro pero no rumiamos pensamientos inútiles, nos enfrentamos a la adversidad y punto.

Para entonces nos quedaban tres o cuatro días en la escuela. Mientras esperaba a que mi amo terminara de charlar con su padre me puse a recordar otra prueba que habíamos hecho días antes. Consistía en una salida nocturna. Yo en un principio no entendí qué tendría de especial que nuestro entrenador enseñara a nuestro amo a ser guiado por la noche. ¿Qué carajo le importa a un ciego que sea de noche o de día? Más tarde, con los años o quizá simplemente con el paso de algunos meses, comprendí o sentí que no se guía igual en una hora del día u otra. Hay sitios que durante el día son bulliciosos y por la noche son tranquilos, aunque también ocurre lo contrario. Además, hay algo en los humanoides y en nosotros que cambia también, no nos sentimos los mismos durante el día y durante la noche. Los ciegos, aunque no vean la luz, a buen seguro sienten estos cambios, y aunque no sabría explicarlo con palabras ni ladridos no se guía igual por la noche que por el día.

Un buen rato después de cenar fuimos al edificio de la ciudad para llevar a cabo la ruta nocturna. A nosotros nos tocó hacerla con Juan y Thor. La noche era fresca y me gustaba. Las farolas pintaban de blanco el grisáceo pavimento con sus luces. Se escuchaba todo mejor, se olía todo mejor. Notaba a Mario relajado y en alerta al mismo tiempo. Oía su respiración acompasada, el tintineo de las medallas de mi collar, los golpecitos de las almohadillas de mis pezuñas sobre el pavimento, los pasos firmes y ya más seguros de Mario. Y, un poco más lejos, similares sonidos emitidos por la otra pareja perruna humanoide que nos seguía metros atrás.

Tras realizar un recorrido simple y rectangular escuché la musiquilla que siempre estaba puesta en la puerta de la escuela, noté el olor de ese lugar y me sentí muy bien. Entramos en el edificio, en cuyo espacio principal se encontraba el resto de compañeros perrunos y humanoides. La ruta había sido sencilla y agradable.

Los compañeros estaban jugando a lo de siempre (los chinos), y hablaban más bajo que otros días. Era de noche, pero allí no dormía nadie. Además, en metros a la redonda no había ningún edificio cercano donde pudiera estar durmiendo alguien, pero ellos tienen esa costumbre de hablar bajo por la noche, aunque no molesten a nadie.

El ambiente era tranquilo, demasiado tranquilo.

Yo al rato ya estaba medio dormido, con los ojos casi cerrados. Miraba hacia el gran ventanal cuando vi dos sombras que se acercaban a la puerta de cristal. Se escuchó chirriar las bisagras, el picaporte se movió y las difuminadas sombras se convirtieron en dos bultos oscuros, uno de ellos de gran tamaño. En ese instante yo ladraba ya enérgicamente, aunque mi actitud amenazante no sirvió para que aquellas figuras retrocedieran un solo paso.

Cuando el chorro de luz de la entrada bañó a ambos espectros, éstos tomaron forma humana. Uno era alto y corpulento, con sombrero y el rostro tapado por el cuello de la gabardina, el otro era también alto y más delgado, con gorro y bufanda. El hombre de la gabardina comenzó a gritar a Mario mientras que el del gorro de lana y la bufanda traducía. A esa altura de la película mis ladridos ya me los había tragado con patatas, y las voces y los olores ya habían sido reconocidos.

–Mario, dice Jeremy que no tienes que permitir nunca que Cross ladre.

¡Hay que ver, ni cuando estamos *cagaos* de miedo nos dejan rechistar!

Jeremy, ya con un tono más tranquilo y sosegado y ademán docente, le explicó a Mario los porqué:

–Verás, Mario, tu perro va a pasar por muchos lugares públicos, algunos le asustarán pero no tienen por qué ser peligrosos. Los perros se asustan por cosas absurdas. Imagina que vas a un concierto de música clásica y le da miedo el sonido agudo del violín, si se pusiera a ladrar en ese momento te dejaría en evidencia.

¿Miedo a cosas absurdas nosotros? Precisamente ellos que ven una araña, una avispa o una rata, que son cien veces más pequeñas y mil veces menos fuertes, y salen corriendo. Qué fácil es criticar, pensé.

Si la salida nocturna no había entrañado ninguna dificultad, más bien todo lo contrario, la que nos tocaba hacer esa mañana no tenía por qué ser más peligrosa, diferente quizá. ¡Una aventura, qué hocicos, una aventura tremenda!

Allí seguía yo esperando a que Mario terminara de hablar con su padre y, más tarde, de hacer sus cosas. Notaba su energía muy movida, percibía su nerviosismo.

Ese ejercicio serviría para afianzar nuestra unión, nuestra compenetración, ya que nos iban a dejar solos con otra pareja de perro y amo para que, sin tutela instructora, nos apañáramos. No era más que una recreación de lo que sería el resto de nuestra vida juntos, a ver si estábamos hechos el uno para el otro, uno para guiar y el otro para dar órdenes aunque fueran equivocadas (¡valiente repartición de tareas!).

–Bueno, hijo, cuéntame qué es eso que vais a hacer hoy.

–Será la prueba final, papá, pero ya no tengo tiempo de contártelo, cuando vuelva te llamo otra vez por Skype o te mando un e-mail. Tengo que darme prisa, que aquí son muy puntuales. Un beso, padre. Y dale otro a mamá.

–Ten mucho cuidado, hijo. Un beso.

Íbamos todos en la furgoneta, los amos en sus asientos y nosotros en el suelo. Ellos, entre risas nerviosas que encubrían la incertidumbre y el miedo, se inventaban posibles anécdotas que podrían darse si el ejercicio no les salía bien. Todas ellas iban precedidas de un «¿os imagináis que...?»:

«¿Os imagináis que nos perdemos y llegamos hasta los Grandes Lagos? ¿Os imagináis que nos metemos en una casa a preguntar y nos pegan un tiro? ¿Os imagináis que tenemos que trepar por una pared con el perro incluido para tocar el cartel donde ponga el nombre de la calle, suponiendo que éste estuviera en relieve?».

Según rodaba y rodaba la furgoneta por las calles las barbaridades dichas por nuestros dueños iban en aumento. Cuando aún no se había agotado la carcajada coral provocada por una de ellas ya salía a la luz la siguiente, generando otra todavía más fuerte. A veces dos o más se decían a la vez y ni ellos sabrían de cuál se estaban riendo. O quizá ya no se reían de lo dicho, a lo mejor se reían de la misma risa, del mismo ambiente. Luis traducía a Jeremy, que sonreía y negaba con la cabeza como diciendo que aquello no pasaría.

Jeremy indicó el orden en el cual nos íbamos a bajar. Las risas y las chorradas se pararon de golpe, parecía que estábamos en otro momento, en otro día distinto en cuestión de segundos. Enseguida los corazones humanoides se aceleraron y a éstos les siguieron los corazones perrunos. Quedé envuelto en una maraña energética similar a una tormenta. Este nudo energético parecía que iba hacer estallar de un momento a otro el habitáculo de la furgoneta. Y para colmo yo estaba tan nervioso como el resto.

Ya no sé si eran ellos los que me contagiaban a mí o yo a ellos, pero todos estábamos animados, muy animados.

Nuestros dueños bailoteaban con los pies y se rascaban la cabeza. Nosotros nos limitamos simplemente a esperar acontecimientos.

Nos fueron repartiendo en diferentes puntos del área. Aquella zona era distinta a la de la ciudad, era más tranquila. Nosotros nos bajamos junto a Alejandro y Tobi.

–A ver, Alejandro, tú que eres mayor que yo y tienes que saber más, vamos a orientarnos. ¿Qué hora es?

–Son las nueve, pero ¿para qué coño quieres saber la hora si no hay límite de tiempo?

–Joder, Alejandro, cómo se nota que eres de ciudad. Los pastores se orientan por el sol.

–¿Los pastores? ¡Y los beduinos y los piratas, no te jode! Pero ni tú ni yo somos de ésos. ¿O acaso sabrías decirme por dónde sale el sol en este barrio?

–Ni puñetera idea, Alejandro.

–Entonces ¿para qué preguntas, niño?

–Pues yo qué sé. No había caído que tú eras de Valencia capital y allí no habrá ya pastores.

–No me jodas, Mario, ¿me vas a decir ahora que en Madrid hay mucho beduino, pirata o pastor?

–Si es por darle un poco de alegría al asunto.

–Bueno, Mariete, vamos a dejarnos de discutir y pongámonos en marcha, que se hace camino al andar. Vamos a tirar por esta calle que me suena a mí de algo.

Comenzamos a caminar después de que nuestros dueños estuvieran unos minutos discutiendo. La verdad es que a mí aquella calle no me sonaba de nada, pero las que rodeaban el edificio de la escuela tenían la misma estructura.

A la derecha no había nada urbanizado, sólo un terraplén que finalizaba en un descampado. Mario sugirió a Alejandro que torciéramos hacia aquel lado.

–Tira a ver tú por ahí, yo te espero aquí.

–Pero vente tú también, ¿no?

–Es que eso no me suena.

Alejandro y Tobi se quedaron a la espera y Mario me dio la orden para torcer a la derecha, me negué, pues por esa parte el terraplén era muy empinado y peligroso. Mario insistió y me forzó a continuar. Yo clavé mis cuatro patas en el suelo y Mario tiró fuertemente de la correa para obligarme a pasar.

¡Será cabezón el tío! ¿Pues no se da cuenta de que por ahí nos podemos escoñar? Encima el novato este me va a enseñar a mí, que llevo entrenando más de seis meses.

–¿Qué pasa, Mario?

–Que Cross no quiere ir para allá.

–Eso es que es peligroso, Mario. Vamos hacia adelante.

Alejandro dio por hecho que Mario lo seguiría y así lo hizo. Cuando hubimos caminado unos metros más el terraplén que seguía a nuestra derecha era menos acentuado, hice ademán de girar hacia allí para preguntarle con el gesto si quería torcer. Estos gestos son muy habituales entre nosotros, pero el entonces novato de mi amo no los pillaba mucho.

–Espera, Alejandro, que por aquí ya quiere torcer Cross.

–Vale, tuerce tú y mira a ver qué hay.

Me lancé rápido al terraplén empujado en parte por mi propio peso. Mario patinaba con la arenilla del terreno y me seguía a trompicones. «¿No querías terraplén? Pues toma terraplén».

–¡Cross, para, para, para!

–¿Qué pasa, Mario? –gritó Alejandro desde arriba medio riéndose.

–Pues que casi nos la pegamos. Esto parece un solar muy grande, creo que aquí acaban las calles.

–Sube, muchacho, a ver si va a ser eso el fin del mundo.

–¡Qué cachondo! –musitó Mario en un tono inaudible para Alejandro.

–Sube, Mario, sube, que no creo que sean tan cabrones de habernos dejado en un sitio donde tengamos que cruzar terraplenes y descampados.

Volvimos a subir y seguimos caminando por la calle donde nos había dejado la furgoneta. Tras pasar por varias calles, torcer a diestra y siniestra y pasar dos veces por el mismo sitio sin que los ciegos se percataran de ello, nos cruzamos con un señor que no hablaba el idioma de Mario y Alejandro. Le preguntaron cómo se iba a la escuela de perros guía pero éste ni se enteró de lo que le decían, aunque supongo que al ver el panorama y al ser la escuela un sitio más que conocido en la zona, se lo indicó cogiendo a Alejandro de las manos.

Es de suponer que los habitantes de aquellas calles ya estarían acostumbrados a este tipo de cosas. Quizá nos indicó tácitamente para no darnos todo el trabajo hecho, porque el caso fue que ni con las explicaciones del lugareño dimos con la escuela.

Seguimos caminando y caminando. Mario le dijo a Alejandro que a la derecha de donde estábamos parecía que había gente gritando a lo lejos y que antes le había parecido escuchar un silbato. Nos dirigimos allí.

Poco a poco las voces fueron cobrando formas más reales. Iban perdiendo su opacidad hasta convertirse en entendibles del todo. Era un extraño grupo de personas y vestían casi todos igual. Había unos que llevaban un palo en la mano y otros un guante enorme, unos tiraban una pelota y otros le arreaban a la pelota con el palo hasta lanzarla lejos, y otro salía corriendo tras la pelotita como alma que lleva el diablo.

Al vernos llegar pararon el ritual o juego o lo que demonios fuera aquello. Algunos se aguantaban la risa, otros fruncieron el ceño e incluso alguno se tronchaba al ver la escena.

Uno que llevaba un silbato se dirigió a Mario y le dijo que allí no podían estar, que aquello era peligroso para ellos, que eso era un campo de béisbol y que estaban disputando un campeonato local. Si querían, podrían quedarse como espectadores.

Mario no se enteró de nada y Alejandro de menos. Al final, el tipo del silbato resolvió la cuestión asiendo a Mario de los hombros y orientándole amablemente, eso sí, hacia el lugar por donde habíamos venido.

Continuamos entonces el camino en sentido contrario a aquel extraño lugar y Alejandro se detuvo diciéndole a mi amo:

–¿Escuchas, Mario? Es la música que ponen en la entrada de la escuela.

–Sí, es posible. O puede que sea alguna casa con música, pero por si acaso sigamos por aquí a ver qué pasa. Y recuerda que aquí si te cuelas en casa ajena tienen derecho a pegarte dos tiros.

–No seas exagerado, niño.

–Ni niño ni niña. Es cierto, Alejandro.

–Bueno, pues por si acaso, pasas tu primero y punto.

–Sí, como en el terraplén, ¿no?

Efectivamente, esa música que seguro a nuestros amos les sonó como celestial, era la de la escuela. Fuimos los primeros en llegar; luego, sin mucho tardar, fueron llegando los demás grupos.

Una vez que estábamos todos en la entrada de la escuela se contaban los unos a los otros las aventuras vividas en su primera experiencia sin supervisión del instructor.

Inocentes, más que inocentes. En nuestro recorrido yo había visto pasar como diez veces la furgoneta en la cual iban Jeremy y Luis tras haber dejado al resto del grupo en sus correspondientes puntos. Cuando nos precipitamos por el terraplén llegaron incluso a pararla y se bajó Luis, aunque volvió a subirse segundos más tarde cuando comprobó que todo estaba bien. También en la incursión en el campo de béisbol, al salir, estaban ellos aparcados en la calle de enfrente tronchándose de risa.

Recuerdo la última noche como muy triste, bastante triste. Mario doblaba su ropa y recogía sus cables. No es que mi dueño tenga cables, sino que utiliza bastantes para esos aparatos cuadrados o rectangulares que tanto le gustan y que están llenos de lucecitas y hablan y hablan.

Guardaba todas sus cosas en una de esas cajas con ruedas que más tarde supe que se llaman «maletas». Esos artefactos son como fronteras de las emociones para mí, su imagen siempre hace que pase de la tristeza a la alegría o al revés. En esta ocasión no sabía lo que iba a suceder, simplemente intuía que aquello sería un cambio, un drástico cambio.

También guardó mi pienso, varias bolsas, mientras yo seguía inmóvil y atado en mi rinconcito. El olor del pienso hizo que me relamiera, y Mario al escucharlo sonrió y me miró dulcemente. Yo tampoco le quitaba ojo a él.

Mi mente estaba paralizada en aquel mismo instante. Ni pensaba ni repasaba los momentos allí vividos, y tampoco tuve ningún pensamiento para mi instructor Jeremy ni para mi efímera dueña ni para el resto de la familia de acogida.

Me encontraba tranquilo, triste, pero tranquilo. Observaba los movimientos de Mario, escuchaba el leve silbido de mi dueño o el tarareo de alguna canción probablemente inexistente. También oía el ruido de las cremalleras de la maleta. Ese ruido siempre me ha gustado, es un sonido con mucho carácter. Yo creo que los humanoides se expresan a través de él. Cuando están cansados, afligidos o tristes porque parten de un lugar querido el ruido de la cremallera es lento y suena como una letanía. Si por ejemplo ellos están ansiosos de llegar a algún sitio, bien al hogar añorado o a un sitio por explorar, el sonido es rápido y enérgico, como un latigazo.

Los humanoides son tan ignorantes que no saben que hablan este tipo de lenguaje secreto, es tan secreto que ni ellos mismos lo conocen.

Mario abrió uno de los bolsillos más grandes de la maleta para poder guardar allí el ordenador. Al abrirlo lo hizo con uno de esos movimientos rápidos y enérgicos que produjo que la cremallera sonara como un látigo cortando el aire.

Cuando guardó y colocó su rectangular cachivache cerró el bolsillo lánguidamente y aquel sonido se escuchó de modo muy diferente al anterior. Aquél no era látigo cortando el aire sino lamento gimoteante.

Cuando terminó de cerrar la maleta se quedó unos segundos allí arrodillado en el suelo; mientras me miraba, su sonrisa se transformó de alegre a dulce, y sus ojos, ahora sin estar escondidos tras las gafas de sol, pasaron de chisporroteantes a comprensivos.

–¿Qué ocurre, Cross?

Cuántas cosas le hubiera dicho de haber sabido, de haber podido hablar. Me limité a suspirar, creo que con eso fue más que suficiente. Se levantó pese a su delgadez y juventud con dificultad y vino hacia mí, acarició mi cogote y su sonrisa aumentó. Yo le correspondí con un par de leves lametones.

–Tú tranquilo, allí vas a estar bien, muy bien. Conocerás a Sandra, mi novia, a Antonio y a María, que son mis padres, y también a mi amigo Nico y a mucha gente más. Estaremos siempre juntos, seremos inseparables como Sancho y Don Quijote, y tú serás mi fiel escudero, Cross. Correremos juntos mil aventuras. Cuando te portes bien te daré galletas y verás qué bien lo pasas en mi ciudad. Iremos a un parque enorme que hay allí que se llama parque de El Retiro. Correrás y correrás, te harás amiguito de otros muchos perros y vendrás conmigo a la universidad. Allí serás el único perro, de momento, pero cuando terminemos las clases nos iremos por ahí de cañas o lo que nos apetezca, pero tranquilo, que este curso ya terminó y luego buscaremos trabajo o crearé mi pequeña empresa de escaneo y digitalización de documentos. No estés triste, Cross. Yo entiendo que han sido muchos meses aquí con tus amigos y Jeremy, pero ahora estarás bien y ya no tendrás más cambios bruscos en tu vida. No estés triste, amigo Cross.

Mientras dijo esta última frase me dio un beso en el cogote.

Me hablaba de su gente pero yo ya los había escuchado

y visto por el ordenador, aunque aún no los había olido. A quienes no conocía y creo que nunca lo hice era a ese tal Sancho y al señor Quijote, supongo que se trataba de algún perro guía y de su amo.

3
Ésta será mi casa

ERA UN AUTÉNTICO VAIVÉN DE GENTE. Personal que caminaba solo o en grupo, que se cruzaba de un lado a otro, que se chocaba, que leía el periódico mientras andaba, que corría o que simplemente caminaba sin ganas haciendo tiempo. La banda sonora de aquel lugar la componía un murmullo constante, proveniente de la multitud y una voz mecánica que salía del techo o de las paredes.

Las maletas de toda aquella gente rodaban al lado de su dueño o bien reposaban en el suelo. En ese instante me comparé con una maleta, pues yo también rodaba, o andaba o reposaba a los pies de mi dueño, pero qué va, yo soy mucho mejor, dónde va a parar. Lo que ocurre es que la monotonía de la espera nos lleva a veces a tener pensamientos absurdos y surrealistas. Es divertido.

Los rostros de nuestros compañeros humanoides estaban serios y tenían reflejado el cansancio de tantos días de trabajo, madrugones y la tensión que provoca vivir una nueva experiencia cada día.

El aire olía a despedida. Todos, todos, nos íbamos a despedir para siempre de Jeremy. Íbamos pasando controles y más controles. Luis y Jeremy se llevaron las maletas de todos en varios viajes. No sé adónde las llevaron y esto me mosqueaba mucho, allí dentro no sólo iba el ordenador de Mario y su ropa, iba además lo más importante: mi pienso y alguna que otra de las *galletucas* que Mario me da cuando me porto bien. Suspiré, y mi amo me tranquilizó, o al menos lo intentó, con una caricia en la cabeza.

Sí, sí, mucha caricia pero mi pienso a saber dónde andaba, que de caricias nadie se alimenta. Más vale que me dieras una explicación al respecto para tranquilizar mi estómago, pensé de inmediato.

Aunque de explicaciones tampoco vive el perro. El resto de mis compañeros cuadrúpedos no parecían afectados por la repentina desaparición de nuestras maletas y su sabroso contenido. Eso hizo que me sintiera culpable. ¿Sería yo el más glotón? ¿O quizás el más desconfiado? Preferí pensar que yo era el más observador.

–Bueno, muchachos. Ya estáis listos para marcharos a España. Quiero deciros que ha sido un honor haber estado y trabajado con vosotros este mes; quiero que sepáis también que habéis sido un grupo muy especial para mí. Sois mi último grupo, dejo la escuela para siempre, me jubilo. He servido a esta institución durante cuarenta años, y los perros han sido mi vida. He entrenado a centenares de ellos y, aunque no puedo recordar todos sus nombres, todos están en mi corazón. Cuidad mucho de vuestros amigos, recordad que ellos no trabajan por dinero. Yo sí. Vosotros también.

Mientras Jeremy iba diciendo esto se frotaba las manos con ademán nervioso, su voz iba cambiando de firme a temblorosa y miraba uno a uno a sus discípulos.

–Ellos trabajan por amor y por la comida, la comida que les dais y vuestra gratitud; vuestras caricias y vuestro cariño es su sueldo. Nunca olvidéis esto. Entregadle su sueldo día a día, hora a hora, que en cada caricia vaya una buena dosis de agradecimiento por la labor prestada. Cuanto más amor reciban, mejor trabajarán. Medidle la comida pero nunca le midáis el afecto, vuestro afecto tiene que ser mayor que el afecto que le proporcione cualquier miembro de vuestro entorno. Así él sabrá siempre quién es su amo. Sólo vosotros les podéis dar disciplina, disciplina y amor. En fin, amigos, os deseo lo mejor.

A esta altura del discurso la voz de Jeremy ya estaba quebrada del todo. Sus manos inmóviles y firmes se apretaban la una contra la otra. Se despidió uno a uno de sus alumnos humanoides con un fuerte apretón de manos, todos estaban emocionados. Cuando Luis tradujo las palabras del entrenador, también emulaba el quebranto de su voz, pues a él también le temblaba.

Jeremy, en su sólida y solemne despedida, a nosotros los perrunos –sus perrunos del alma– no nos miraba salvo de soslayo, no quería mirarnos, no quería despedirnos. Le daba miedo despedirse de sus últimos perros. Imagino que él nunca se despedía de los perros por un acto de disciplina, y que cada vez que le tocaba hacerlo sería ya algo rutinario, pero aquella vez era especial porque era la última.

Nosotros también estábamos cabizbajos, e intuíamos y sentíamos la tristeza humanoide como propia.

Jeremy ya había retrocedido unos pasos para alejarse del grupo y marcharse a su furgoneta cuando de repente una enorme sonrisa pobló su cara. Nunca había visto en él esa sonrisa. Se acercó a nosotros posiblemente pensando: «Pero qué demonios».

Nos acarició el cogote uno a uno. Lo hizo en silencio, no porque quisiera evitar que sus alumnos de dos patas se enterasen de que se había saltado el protocolo. Lo hizo así porque en ese momento su sonriente rostro estaba ya bañado en lágrimas. La despedida como acto de amor.

No sabría decir si aquello era tristeza o alegría o la sublimación y fusión de ambas cosas. O un tercer sentimiento no catalogado, un sentimiento sin nombre. La despedida como culminación de un proceso, como una meta alcanzada, una prueba de fuego que te hace mejor y más fuerte.

Era la primera vez que subía a uno de esos pajarracos gigantescos. Los había visto alguna vez volar cuando entrenaba con Jeremy o Mario, también probablemente paseando con mi efímera dueña. Lo que ignoraba era que aquellos bichos fueran tan grandes y que podían caber dentro de ellos, humanoides y perrunos.

Estaban dotados por dentro de numerosos asientos dispuestos en varias filas. La disposición de estos asientos era muy estrecha, algo incomprensible con lo ancho que es el cielo.

Mario tenía las piernas muy largas y yo, a mis diecinueve meses, ya era bastante grandote. Me negué en un principio a meterme allí, entre las piernas de Mario y el asiento delantero. Naturalmente me llevé una bronca tremenda, pero Mario aún era un novato en la materia y me podía permitir el lujo de pitorrearme de él todo lo que quisiera.

A su lado iba una señora de unos cincuenta años; comencé a mordisquear sus zapatos para ver si aquello se animaba un poco. Mi dueño intentaba calmarme y pedía disculpas a la señora, que sonreía con un presupuesto: «No te preocupes, hijo», pues ella no hablaba el idioma de mi amo.

Debajo de todos los asientos había una especie de paquete. Intenté coger el nuestro con los dientes y empujarlo con la patita. Me llevé un pescozón en el cráneo. *Joer* con el novato, cómo ha *espabilao*, pensé.

El pescozón y el darme cuenta de que por allí ya no había mucho más que hacer, hizo que me relajara por aburrimiento, pero poco me duró el relax. De repente aquello comenzó a moverse y al rato se puso el suelo cuesta arriba, sentí presión en mis oídos e intuí el nerviosismo de Mario y el de la cincuentona de los zapatos mordidos.

Me puse de pie de inmediato. Mario no supo contenerme, salí jadeante al pasillo e intentó tranquilizarme poniéndome la mano en la cabeza.

–Tranquilo, Cross, sólo será un momento. Esto es el despegue.

Sí, mi amo pretendía tranquilizarme pero él estaba aún más nervioso que yo, su voz temblaba. Además, cortaba su frente un chorrito de sudor que, bajando por la nariz, parecía buscar su boca.

Al rato el suelo se enderezó de nuevo y el ruido mermó considerablemente, pero yo quería permanecer de pie en el pasillo. Mario se empecinó en volverme a meter entre sus piernas y los dos asientos y, tras varios intentos, accedí, pero con la condición de que me dejara mordisquear otra vez los zapatos de la señora. «A él qué más le da, esa mujer no habla su idioma, y Mario no se va a enterar de si esto le sienta bien o mal», pero el muy aguafiestas me pegó un tirón de la correa para que me estuviera quieto.

Pasó un joven por el pasillo, que iba vestido de igual manera que otros chicos y chicas que había pululando por el avión. La señora de los zapatos sabrosos se dirigió a él.

–Disculpe, ¿sería posible que me cambiara el asiento por otra persona que sea del grupo de este muchacho? El perro no para de molestarme, es muy inquieto. A mí me encantan los animales pero es que quiero descansar, el viaje es largo y no para de morderme los zapatos.

–No se preocupe, señora. Voy a comentárselo al intérprete que llevan y como él no va con perro a ver si quiere venirse a su asiento –le contestó el joven con tono conciliador.

Antes de ir donde estaba sentado Luis, tradujo a Mario lo que había dicho la hipócrita de los zapatos.

–Caballero: me comenta la señora que para que usted vaya más a gusto con su perro, desea cambiarle el asiento a otro compañero suyo que el perro ya conozca. ¿Le parece bien?

Mario asintió con la cabeza mostrándose comprensivo, pero yo sabía que mi amo no se había creído ni una sola palabra del muchacho aquel. Cosas de humanoides, que sonríen sin querer hacerlo, que dicen cosas que no sienten, que sienten cosas que ocultan.

Al rato ya estaba Luis sentado al lado de Mario. Llevaba unas zapatillas de cordones que ya tenía muy vistas y que no me apetecía morder. Tampoco me quería llevar otro pescozón, así que opté por dormirme arrullado por la monótona conversación del intérprete con mi amo.

Me desperté al cabo de muchas horas, cuando el suelo se puso boca abajo, y volví a notar el nerviosismo de mi amo y de los demás humanoides que me rodeaban. El pajarraco se estabilizó y dejó de hacer tonterías. Salimos por fin de allí por un túnel que unía al pajarraco con un edificio similar al que habíamos dejado atrás horas antes.

Allí la gente iba igualmente corriendo de un lado para otro, arrastrando sus equipajes.

Había una cinta llena de maletas y la gente iba cogiendo la que más le gustaba. No creo que todas lleven pienso para perros dentro, espero que a Mario le toque una que sí lo lleve, pensé, pero al rato reconocí su maleta. ¿Cómo demonios había llegado hasta allí? Si ese pasillo comunicaba el país de Mario con el de Jeremy, podría subirse un día Jeremy en él y venir a visitarnos. Lo malo es que tenía toda la pinta de que allí solamente dejaban subir a las maletas. ¡Qué normas más estúpidas!

Cuando Luis entregó a mi amo su maleta comencé a olisquearla por si alguien nos hubiera mangado el pienso. ¡Allí estaba todo, seguía oliendo maravillosamente! Tras recorrer algunos pasillos, subir en ascensores y pasar por gigantescas salas, desembocamos en una de éstas. Allí había un numeroso grupo de gente que se dirigió a nosotros en cuanto nos vieron. Unos se fueron a abrazar a Alejandro, otros a Paloma, otros a Julio, y una chica fue a hacer lo propio con Luis, el intérprete. A Miguel, al antipático de Miguel, lo recibió un señor canoso y barrigón que ni lo besó ni lo abrazó. Ni siquiera le dio la mano. Simplemente se limitó a decir:

–¿Es usted Miguel? Soy Facundo, el taxista.

Juan, nuestro amigo chistoso, fue el primero en despedirse. Nadie había venido a recibirlo, pues aún no había llegado a su destino.

Yo ya había distinguido entre aquel grupo a las personas con las que mi amo había estado hablando a través de la pantalla de su ordenador. Sandra, la cursi de su novia; María, la atractiva cincuentona, que era su madre, bastante más atractiva que la cincuentona de los zapatos; Antonio, el bonachón cincuentón, que era el padre de Mario, y, por último, aquel enjuto macarra llamado Nico.

La primera en abrazar y besar a Mario fue Sandra. Noté un fortísimo olor de esos que los humanos dicen que son agradables y que son producidos por un líquido que guardan en frascos de cristal. Yo, la verdad, prefiero el olor de un buen pis ajeno o el de un cubo de basura. Aquel olor tan artificial me repelía, artificial el olor y artificial ella. No es que yo le tuviese manía o celos, no, os lo prometo.

Cuando la olorosa Sandra soltó por fin a mi dueño pudieron abrazarlo y colmarlo de besos sinceros su padre y su madre. Nico optó por otro tipo de saludo. Tras pegarle un puñetazo en el pecho a Mario y éste responderle con otro se dieron un abrazo acompañado de palmadas en la espalda que fueron muy sonoras, ya que Nico llevaba una de esas chupas hechas con animales muertos.

A continuación, Mario se despidió de sus cinco compañeros uno a uno. Lo hizo como se suele hacer en esos casos, con vanas promesas que nunca o casi nunca se cumplen. También se despidió de Luis, el intérprete, que había sido uno más del grupo, y aunque no se había traído ningún perro sin duda traía miles de anécdotas que contarle ahora a su novia y a sus amigos y familiares. Había convivido por primera vez con seis ciegos peculiares y con seis perrunos guía.

La escena era curiosa. Presentaciones, despedidas, bienvenidas, promesas, deseos… unos presentaban a sus respectivas familias o acompañantes a los otros amigos y las familias o acompañantes se presentaban entre ellos, todo un lío.

Lo más raro fue que allí, pese a haber estado mucho tiempo sin verse, nadie olisqueaba el trasero de nadie.

El coche de los padres de mi dueño era bastante más pequeño que la furgoneta de la escuela. A Mario le habían enseñado que, cuando montara en uno de estos coches, él tendría que ir sentado en el asiento delantero y yo entre sus patas... perdón, piernas, pero no sé si por los nervios o la emoción del reencuentro con su gente o por ambas cosas intentó meterme con él en el asiento trasero donde ya se habían sentado su amigo Nico y la olorosa Sandra

El empecinamiento fue mutuo. Él empecinado en meterme allí y yo en hacer todo lo posible para no entrar.

Pero ¿no ves, cabezón de las narices, que tenemos que ir delante?, pensé mientras tiraba de mi pescuezo como si yo fuese un muñeco.

Todos le dijeron que si no iría mejor delante metiéndome a mí entre sus piernas. Tras rascarse su ya sudorosa cabeza y ajustarse las gafas de sol, accedió. Desde aquel día Mario no intentó más veces subirme en el asiento trasero de ningún utilitario. Por suerte.

–Bueno, hijo. Tendrás ganas de llegar por fin a casa, ¿no? –preguntó la madre mientras conducía.

–Bastantes ganas, sí. Sobre todo ganas de dormir con normalidad.

–¿Qué, os ibais de juerga? –interrumpió Nico desde el asiento trasero.

–Qué va. ¿De juerga? Allí hay una disciplina casi militar, lo más que hacíamos era quedarnos de tertulia en la cafetería. Era un salón en el que te servías tú mismo el café. A veces veíamos alguna película en otra sala, tenían alguna en castellano y todo. Nos solíamos quedar dormidos. Al día siguiente, durante el desayuno, recomponíamos la película entre todos ya que nos dormíamos en diferentes tramos, y cada uno contaba las escenas que no se había perdido. Eran todas películas con *audio descripción*, lo tienen muy bien montado todo allí en la escuela.

Todos reían cuando mi amo con su voz soñolienta contaba sus peripecias en la escuela. Yo no le quitaba el ojo a María, y cada vez que ella posaba la mano sobre una bola que llevan los coches en una palanca que accionan de vez en cuando al conducir, aprovechaba para pegarle un buen lametón, al cual ella correspondía con una blanca sonrisa y una leve caricia en mi hocico.

El aguafiestas de Mario, que era novato para lo que le interesaba, me retiraba el morro de la mano de su madre cada vez que hacía ademán de chuparla. También les dijo que no tenían que acariciarme ni jugar conmigo cuando llevara el arnés puesto. Que ése era mi uniforme de trabajo y que tenía que aprender a distinguir entre mi tiempo de asueto y mi tiempo de obligaciones. Aguafiestas, más que aguafiestas, pensé.

Además, les explicó que cuando llegáramos a casa tenía que pasar él solamente conmigo, que ellos se esperaran fuera unos minutos para que yo me sintiera más en mi propia casa y no como una visita.

María aparcó el coche en un enorme local oscuro que estaba lleno de columnas y de otros muchos vehículos. Pensé en lo magnífico que hubiera sido que me soltaran por allí a corretear, porque había unos pasillos larguísimos y la tentación de echar un pis en cada una de las miles de ruedas era tremenda. Aunque aquello era una utopía, ni me iban a soltar allí ni yo tendría jamás tanto pis como para marcar todas aquellas ruedas. El lugar olía a humo y gasolina. Nos bajamos del coche y Antonio sacó la maleta del maletero. De inmediato me puse a olisquearla y comprobé que toda mi comida seguía allí.

María acompañó a Mario hasta una puerta y se volvió con el resto del grupo. Mi dueño y yo subimos hasta otra planta por una escalera. Tras darme la orden para que buscara un ascensor nos subimos a él. Nunca he entendido el funcionamiento de estos aparatos. Te subes a ellos y, sin apenas moverse, apareces al momento en otro lugar.

Mario abrió la puerta de su casa, de nuestra casa, y noté enseguida el olor peculiar de mi futuro hogar. Mi amo me quitó el arnés, y por un momento pensé que me soltaría pero no fue así, me fue dirigiendo con la correa por cada una de las habitaciones del piso.

Yo iba oliendo los rincones y los rodapiés, pues allí no había el más mínimo rastro de olor perruno, y probablemente yo fuera el primer ser de cuatro patas que visitara ese lugar. Cada habitación olía distinta; el salón tenía una mezcla del olor característico de Mario, María y Antonio, junto a otros olores artificiales que no conocía.

Lo que más me gustó fue la cocina. Allí no hacía mucho que se habría preparado alguna comilona humanoide de esas que nunca nos dejan probar. Le pegué un buen repaso a la encimera hasta donde mi hocico alcanzaba, y me conformé con oler aquellos recuerdos.

El cuarto de los padres de Mario tenía un olor dulce y suave; encima de la cama había un gran oso de peluche al cual me lancé como alma que lleva el diablo, pero Mario reaccionó rápidamente y me quitó la idea de la cabeza. Novato para lo que quiere, pensé.

La habitación tenía la mezcla de los olores de ambos dueños y un tercer olor que tonificaba y armonizaba el de Antonio y María. Imaginé que aquél sería el olor del amor. El oso de peluche estaba impregnado también de aquella triple mezcla.

El cuarto de baño tenía un olor neutro y totalmente sintético. Era frío y duro, pues allí no había ni colchones ni osos de peluche. Aquel lugar, con el paso del tiempo, se convertiría en mi favorito para los días más calurosos. Allí siempre se mantenía una constante humedad y cierto frescor aunque hiciese calor en el resto de la casa.

Por fin llegamos a la habitación de Mario, que también sería la mía. Allí todo olía a él. Estaba repleta de discos, algún que otro juguete recuerdo de la infancia, y los pocos peluches que había estaban puestos en alto.

Junto a la cama divisé una colchoneta parecida a la que yo tenía en la escuela. Me puse a olisquearla desaforadamente pero no olía a nada, bueno, sí, olía a colchoneta nueva y eso no me gustaba, así que procedí a solucionar aquel inconveniente revolcándome encima de ella. Mi amo se tronchaba de la risa al notar mi actitud.

Tras dos o tres minutos de buen revuelque me puse de pie y la olfateé de nuevo, ya olía a mí. Así da gusto. Hogar, dulce hogar.

4
Recorrerás las calles nuevamente

TODO SONABA DISTINTO, todo era magnífico. No es que me gustara más un lugar que otro, en el otro país hacía más frío que en el de Mario, la gente chillaba menos y los bares y restaurantes eran menos abundantes. Además, olían de otra manera.

Las calles sonaban diferentes y los coches también. La gente hablaba de otro modo y, también, había sillas y mesas en las inmediaciones de los bares. La gente bebía y comía en estos lugares, en plena calle, esto era magnífico, aquel bullicio me encantaba. Pasar por esas mesas y olisquear ese aire *fritanguero*.

Otra cosa que me fascinaba de mi nuevo país era que había mucha suciedad por el suelo. Aquí, si a la gente le sobra un mendrugo de pan, en vez de tirarlo a la papelera, para que nadie lo aproveche, lo tira al suelo para que los perrunos saquemos partido de ello. Aunque cada vez que intentaba coger un trozo de comida callejera, Mario me pegaba un tirón de la correa fastidiándome así el aperitivo.

Por la ciudad había muchos perrunos, sobre todo por los parques, casi tanto perro como humano. Los humanoides cada vez se sienten más solos, cada vez son más individualistas o quizá siempre lo hayan sido, y recurren a los de nuestra especie para mitigar su aislamiento. Se niegan a vivir en comunidad, en manada. Ellos saben que se necesitan los unos a los otros pero se niegan a hacerlo, se niegan a exteriorizarlo todo, el afecto, la disconformidad, el amor, el mal o buen humor.

Estoy seguro de que son conscientes de todo esto, pero en vez de solucionarlo y unirse, en vez de ser espontáneos con quienes conocen y con quienes no, prefieren serlo con otro ser que no es de su especie. Quizá porque piensen que, como ese ser no habla, jamás va a juzgar sus actos. ¿Y por qué les importa tanto que juzguen sus actos? Cada vez están más y más solos, se cruzan por las calles centenares de ellos y de ellas pero ni se miran, ni se huelen, ni se montan, ni juegan... ¡y con toda seguridad les apetece hacerlo más de una vez! Se han creado otro mundo, una vida artificial, y parece que esa vida, ese mundo, lo han creado para mejorar, para vivir más cómodos, y no es así. No lo entiendo, pero ellos tampoco.

Cada vez más perros, y cada vez nos necesitan más. ¿Por qué en vez de recurrir a nosotros no intentan hacer lo que nosotros hacemos? ¿Vivir como nosotros vivimos? Sin complejos, sin angustias, salvo las inevitables, aquellas que duran tan sólo un minuto.

Quizá tampoco sería necesario que nos imitaran, probablemente bastaría con que volvieran a sus orígenes, no siempre fueron así. Seguro que hubo un tiempo en el cual los humanoides tuvieron un comportamiento normal, en el cual vivían sobreviviendo y hacían caso a sus instintos. Imagino que algún día fueron libres, lo que no me imagino ni comprendo es la causa por la cual decidieron un buen día terminar con su pertenencia al reino animal.

Pienso que ellos, en su afán de dominarlo todo, de controlarlo todo, se quisieron poner en primer lugar dentro de la escala natural con la pretensión de tener al resto a su servicio, todas las demás especies animales, todas las plantas y todas las materias, pero no se han dado cuenta de que el lugar que ocupan es el último, es el más bajo. Son esclavos de ellos mismos, y lo peor de todo es que nos hacen esclavos al resto.

Que hubiera muchos perros en la ciudad a mí me gustaba, pero a mi amo... No es que le disgustara, pero le dificultaba la tarea de desplazarse, ya que yo me solía entretener con mis congéneres, con algunos más que con otros.

El primer paseo por el barrio fue magnífico. Mario me llevaba de un sitio a otro para acostumbrarme a los lugares que más tarde frecuentaríamos juntos. Nos cruzamos con algún que otro conocido que se paraba a saludar a mi amo, y alguno, osadamente, me saludaba a mí con la consecuente advertencia de Mario para que no lo volviera a hacer mientras yo estuviera trabajando.

Todas estas personas con las que Mario hablaba parecían entender mucho de perros. Que si no le tienes que dejar hacer esto, que si le tienes que dar pan por la mañana porque es bueno para su dentadura, que si le deberías echar un chorro de vinagre tras el cepillado para que le brille el pelo, que si no es bueno que le llames por su nombre cuando le des una orden, etcétera.

–Mario, tú haz lo que dice César, el de la tele: energía, Mario, energía.

Mario les escuchaba con cara de incrédulo pero mantenía la compostura y la amabilidad.

Había otros individuos por el barrio que nos miraban atentamente al pasar. Por la forma de hacerlo se notaba que conocían a mi dueño pero no le saludaban, para qué iban a hacerlo si él no los veía. Incluso algunos hablaban con su acompañante como si Mario además de ciego fuera sordo también o medio gilipollas.

–Ah, mira el muchacho este, ahora tiene un perro. Joder, qué pedazo perro. Tiene que comer como una lima. ¿Y cómo coño va a recoger las mierdas si no las ve?

–Pues tocando por el suelo hasta encontrarla.

–No creo. Se mancharía las manos.

–No, pues se encuentra por el olor.

–Pues yo nunca he visto un ciego oliendo el suelo buscando una mierda.

–Tú qué vas a saber si no has salido de Madrid en los ochenta años que tienes.

–Es un pastor alemán. ¿Sabes? Ésos son muy peligrosos, si te acercas al dueño te devora.

–Si tiene carita de ángel. Además, qué va a ser eso un pastor alemán, es un San Bernardo de ésos.

–Te devora, te devora. Te lo digo yo, Ambrosio, te devora.

Al día siguiente nos levantamos temprano para ir a la universidad. Después de ducharse y desayunar Mario me llevó a un jardincito que estaba a unos cuarenta metros de la casa. Tras salir del portal del edificio había un jardín en el que había innumerables flores. Todas las mañanas yo me lanzaba a olisquearlo, pero mi dueño no me lo permitía, al igual que hacer allí mis necesidades fisiológicas. Entonces, ¿qué narices pintaba aquel jardín inútil?

Tras pasar el inservible jardín había una portería. Allí trabajaban tres porteros, uno por la mañana, otro por la tarde y otro por la noche. Siempre nos daban los buenos días. A mí también me los daban, incluso cuando se aprendieron mi nombre me los daban de modo personal.

La calle era muy ruidosa; la casa de Mario, no. Estaba separada por el inservible jardín, que era una especie de patio interior y estaba parapetada también por la portería. A cualquier hora pasaban coches. Enfrente del otro jardín, el de la calle, en el que yo hacía mis cositas, había una rotonda que jamás vi desierta de coches.

Cogíamos el metro para ir a la universidad. Yo ya había montado en uno de ésos en mi país, incluso lo hice con Mario, pero éste era diferente, era menos ruidoso y estaba más nuevo. La universidad era un sitio enorme donde había muchísimos edificios en los que no vivía nadie, pues yo jamás vi camas allí, aunque había muchas sillas y mesas, eso sí.

Los exteriores estaban repletos de jardines pero nunca me soltaron por allí. Mi único consuelo era que, pese a que ya me había desahogado en el jardín de nuestro barrio, Mario me permitía echar un chorrete en el que había a la entrada del edificio donde él iba todas las mañanas. Era mi rutinario chorrete, no era una necesidad, pues eso ya lo había cubierto minutos atrás. Era vicio, puro vicio, y también un poquito de soberbia. Yo era el único perro que entraba en aquel edificio y eso había que dejarlo claro.

En el aula me sentaba al lado de mi amo o tumbado en el suelo. Al principio esto me costó mucho, pues me ponía nervioso ver cómo alguien va paseando por los pasillos hablando en voz alta, a veces muy alta, a los chicos y a las chicas que permanecen sentados y callados. Yo a veces lloriqueaba de la angustia o suspiraba, y esto hacía que toda la clase se riera. No lo entendía.

El olor del edificio era neutro, demasiado neutro. Allí, en aquellos edificios prácticamente no olía nunca a nada, salvo en un bar al que íbamos a veces. Yo aprovechaba el momento para dar un poco de guerra allí e intentar pillar algo, pero me lo ponían muy difícil.

El primer día que fuimos a la cafetería de la *uni* Mario se había sentado en un taburete alto de la barra y puso como siempre mi correa debajo de su trasero para sujetarme, mientras él estaba desayunando tan tranquilo, entretenido con lo suyo. Al momento pasó una joven que llevaba en un plato un oloroso pastel o bollo que prometía estar sabroso y tierno. La muchacha sonrió al verme, y yo, en un amplio pero suave movimiento, pasé de estar tumbado a estar volando por el aire. Mi sutil y silenciosa maniobra me permitió trincar de modo sigiloso y certero aquel bollo sin ni siquiera hacer que el plato se moviera.

Mario se percató del movimiento pero, como fue tan ligero, no se dio cuenta en un principio de lo ocurrido. Probablemente pensara que me estaba rascando o cambiando de postura, pero cuando la chavala soltó un sonoro «¡Ahí va!», Mario giró la cabeza levemente hacia un lado mirando de reojo como si viera.

Tardó unos segundos en reaccionar.

–Disculpa, ¿te ha hecho algo el perro?

–No, a mí nada, pero mi cruasán se lo ha zampado de un bocado –respondió la chica con voz temblorosa a la vez que risueña y emocionada.

Sin duda, pese a que yo sabía que aquello no estaba demasiado bien, a la muchacha le había hecho gracia, lo cual no significa que yo lo pudiera hacer todos los días.

–Tranquila, yo te invito ahora a desayunar.

–No será necesario, y por favor, no lo regañes. Me encantan los perros y éste tiene una carita de bueno que no puede con ella –dijo, echándome una mirada tan dulce que competía con la dulzura de su sonrisa.

Al final no sólo dejó de regañarme mi amo, que hasta me acarició y todo, y a la chica la invitó a desayunar pese a sus iniciales reticencias, lo mejor es que salimos ganando los tres.

–Nunca te había visto por aquí –dijo la muchacha mientras esperaba su nuevo cruasán.

–Estoy haciendo Económicas, es mi último año. Suelo venir ya desayunado de casa, y aquí vengo a veces entre clase y clase con algún compañero, porque hasta ahora me daba pereza venir solo. La cafetería es muy grande y a ciertas horas está muy llena, estas dos cosas me desorientan un poco. Hoy me he levantado algo nervioso y no tenía apetito, pero al llegar me ha entrado hambre de repente.

–¿Nervioso? Si estamos en abril, hace un día estupendo y aún quedan unos días para que lleguen los exámenes –dijo nuestra amiga sonriendo a mi amo.

Era una chica algo gordita, bastante guapa y me caía genial. Y su cruasán tampoco estaba nada mal.

–No, nervioso porque es el primer día que traigo a Cross a la facultad.

–¿Antes lo dejabas en casa?

–No, no, que va. Vine hace unos días de una escuela de

perros guía, en Estados Unidos. Soy novato, y claro, pasa lo que pasa.

–¿Qué pasa? –preguntó ella, haciéndole la voz un gorgorito que continuó con una dulce carcajada.

–Pues que se come el desayuno de la gente por no estar yo suficientemente atento.

Mario comenzó la frase con tono grave y luego fue marcando y remarcando una amplia sonrisa para acentuar y adornar más el tono de su broma. A buen seguro que tras sus eternas gafas de sol sus ojos bailaban al son del amplio gesto que ya inundaba su rostro.

La chica se limitó a contestarle con una caricia en el codo y otra tenue y dulce carcajada.

–¿Y tú qué estás estudiando?

–Ahora nada, terminé hace cuatro años. He venido a mirar unos cursos y a hablar con la decana de la facultad de Psicología para organizar un seminario de Mein Fulnes. Soy psicóloga.

–Suena muy interesante –contestó Mario bajando el tono de la voz.

–¿Lo conoces?

–¿A quién?

–El Mein Fulnes, tontorrón. Uy, perdona, me ha salido del alma. Es que has puesto una cara de... distraído, que no veas –dijo nuestra amiga mientras se sonrojaba levemente. Aquellos coloretes en sus mejillas favorecían su ya simpático rostro.

–Sí, sí, bueno, no mucho. Es algo así como... vivir en el presente y todo eso, ¿no?

–Sí, básicamente, sí. Digamos que no es nada nuevo, esto

lo llevan haciendo y predicando desde hace miles de años algunas culturas antiguas como los budistas, y nosotros lo hemos estructurado a través de la psicología moderna. Bueno, debo marcharme, ahora tengo una reunión y se me ha hecho tarde. Un placer haberos conocido a los dos.

Primero miró a Mario y después me miró a mí. Yo no había dejado de observarla, pero no pude contener la alegría y comencé a mover el rabo.

–Por cierto, ¿cómo te llamas?

–Me llamo María.

–Anda, igual que mi madre e igual que yo.

–¿Te llamas María? –contestó ella soltando otra dulce carcajada a la vez que volvía a cogerlo a Mario suavemente del codo.

–Me llamo Mario, tontorrona. Uy, me ha salido del alma.

Aquello pintaba bien. Demasiado bien, diría yo.

Ese día comimos todos juntos en casa, la familia al completo. Aunque para la buena verdad, yo ya había comido, ya que Mario me solía echar de comer antes de sentarse ellos a la mesa. Me ponían un cacharro plateado rebosante de gránulos de pienso y, cuando daba buena cuenta de él, tras unos minutos en los que yo expulsaba mis gases, me echaban agua en el mismo recipiente.

A veces el lenguaje de los humanoides me parece despectivo para con nosotros. Si un humanoide le sirve a otro la comida, le dice:

–Fulanito, ya te he puesto la comida.

Y a veces:

–Fulanito, ya te he echado la comida.

Aunque esto último suena peor, pero cuando lo hacen de modo interrogativo:

–¿Le has puesto la comida a menganito?

Nunca dicen:

–¿Le has echado la comida a menganito?

Y si lo dijeran de tal manera seguro que fulanito contestaría:

–Pobre menganito, ni que fuera un perro.

Bien, rencores lingüísticos aparte, la comida con mi familia fue amena. Los días de diario casi nunca comíamos juntos, pues los padres de mi amo se tenían que turnar en la gestoría y en ocasiones no venía a comer ninguno de los dos.

Cuando estaban todos, cuando estábamos todos, se ponía la mesa de otra manera, otro mantel, servilletas de esas que no se comen y, en vez de vasos, se ponían copas.

Ese día era especial, pues al parecer estaban como festejando la vuelta de Mario a la rutina.

–¿Qué tal, hijo, en la facultad? Me ha contado tu madre que Cross se ha portado bien. ¿Has estado nervioso? –preguntó el padre tras limpiar su boca con la servilleta de tela.

–Bien, papá, bien. No he estado nervioso –dijo Mario con aire distraído.

–¿Te ocurre algo, Mario? –preguntó la madre mirando el rostro de su hijo.

Os voy a ser sincero. Yo todos estos gestos, en ocasiones como ésta, no los puedo ver, pues me encuentro debajo de una mesa o detrás de la silla de Mario, pero por la forma de modular la voz me imagino, y a buen seguro que acierto, lo que ocurre la inmensa mayoría de veces.

Esto quizá lo he aprendido de mi amo. Él sabe por los sonidos de la voz si alguien cuando habla está fumando, bebiendo o limpiándose con una servilleta.

–No, mamá, estoy bien, estoy perfectamente bien.

–No he preguntado si estás bien o mal, te preguntaba que si te ocurre algo. Te veo distraído y sonriente.

Mario se sonrojó notoriamente al oír esto.

–No, madre, lo que ocurre es que me ha hecho mucha ilusión el primer día de facultad con Cross.

–Ya –contestó incrédula la madre.

La tarde la pasamos en el cuarto de Mario, en nuestro cuarto, vaya. Mario estuvo leyendo todo ese tiempo, sólo interrumpía la lectura para ir al servicio o para acariciarme.

Las voces de los libros sonoros de Mario me gustaban. Aquellas voces y aquel tono me arrullaban y hacían que me sumergiera en sueños muy profundos. A veces mi amo hacía lo mismo y él también se quedaba frito leyendo.

También solía leer, pero menos, unos libros muy grandes y gruesos llenos de puntos, los leía pasando los dedos por su superficie. Yo una vez le pasé la lengua a uno, pero pese a que el sabor no me disgustó, lo encontré demasiado rasposo.

Cuando hubo anochecido sonó el móvil de Mario.

Un mensaje nuevo. Pulse la tecla 1 para abrir.

–Nico: ¿Qué haces, capullo?

–Mario: Leyendo un rato.

–Nico: Qué divertido que eres, yo me piro al Mármol Blanco. Si te apete...

–Mario: Ok, en media hora estoy allí.

–Nico: Yo voy a ir en coche, ¿me paso a recogerte?

–Mario: Ok.

–Nico: Pues venga, ponte bragas limpias que en media horita estoy allí.

–Mario: Ja, ja, ja. Tú sí que eres un capullo.

–Nico: Y trae a Cross, que me cae mejor que tú.

Era un pub muy tranquilo. La gente solía estar sentada a las mesas o en la barra; yo, como siempre, en el suelo. Con el tiempo me hice famoso allí, pues era el único perro que entraba.

Siempre tenían puesta música a medio volumen, lo suficientemente alta para que fuera escuchada y lo suficientemente baja para que los parroquianos pudieran hablar entendiéndose.

La primera impresión que daba el lugar era de ser un sitio muy frío. Tanto la barra como las mesas y el suelo eran de mármol blanco, pero el pub siempre estaba a una temperatura ideal.

A mí me gustaba tumbarme en aquel suelo siempre tan blanco y tan limpio, en invierno se agradecía el calor del local y en verano se agradecía igualmente el frescor del suelo.

Algunas de las mesas tenían bancos de mármol con cojines para que los seres de dos patas pusieran allí sus posaderas. Otras mesas tenían sillas sueltas de color negro que destacaban con el blanco hipnotizante del lugar.

–Qué perro tan hermoso. Ya tenía muchas ganas de conocerlo y de verte otra vez por aquí, qué preciosidad. Es un golden, ¿verdad? –preguntó una camarera que iba vestida de blanco y negro.

–No, Luz, es un gato siamés. ¿No lo ves? –interrumpió Nico antes de que Mario contestara.

–Eres un cachondo, Nico. ¿Puedo acariciarlo, Mario?

–Al perro no, pero a nosotros... –volvió Nico a interrumpir con su acostumbrado tono vacilón.

–Un poco sí, pero poco, Luz, que si no se entretiene y después no hace bien su trabajo.

–Serás... Joer –dijo Nico–, a mí no me dejas ni mirarlo y a Luz le dejas que lo acaricie y todo, eres un maldito capullo, Mario. ¿Qué tiene Luz que no tenga yo? Bueno, mejor me callo. Ya lo sabes, Luz, el niño parece tímido pero luego le tira los trastos a todas. Seguro que no deja ni a una persona que toque al perro pero a las chicas guapas como tú las deja a todas. Si ya voy calando yo a éste, no ves que hace doce años que lo conozco...

–Tú no le hagas caso, Mariete, que ya sabes que está como una cabra –dijo Luz intentando paliar el sonrojo de mi amo–. Bueno, chicos, ¿lo de siempre?

–Sí, pero a mí me la traes sin alcohol, que me he traído el coche y luego tengo que llevar a estos dos a su casa.

–Qué formal te me estás volviendo, Nico, los años no perdonan. Tómate la primera con y la segunda ya veremos. Tenemos que celebrar mi regreso y la llegada de mi peludo. En caso de que te chispes, no pasa nada porque te vuelvas a Vallecas en metro.

–Venga, hagamos caso a la voz de la experiencia –contestó Nico guiñando un ojo a la camarera mientras se retiraba a la barra–. Cada día está más buena, que lo sepas.

–Pues tío, lánzate un día en plan serio. Que tú mucho hablar pero...

–Mario, ya están aquí las jarras –interrumpió Nico haciéndole saber a Mario de la presencia de Luz.

–Brindemos por Cross.

Al escuchar mi nombre seguido del ruido producido por el choque del cristal no pude reprimir las ganas de levantarme y asomarme a la mesa. Ambos amigos se rieron y Luz hizo lo mismo desde detrás de la barra.

–¿Qué tal se ha portado hoy en la *uni*?

–Bien, bien. Algo distraído con tanta gente y eso. En las clases estaba intranquilo y se levantaba para cambiar de postura. A veces lloriqueaba incluso. A las diez no tenía clase y me lo he llevado a la cafetería a desayunar.

–¿Y qué tal se ha portado allí?

–Bien, digamos que bastante bien –contestó mi dueño bajando poco a poco el tono de la voz.

–¿Has visto a Sandra?

–No. Le mandé un SMS por la mañana antes de salir de casa. No nos coincidía ninguna clase y a la hora que yo tenía libre ella había quedado con unas compañeras para ultimar un trabajo en la biblioteca.

–¿Y no has ido a verla a la biblioteca?

–No, no he ido.

–¿Y tras las clases?

–Tampoco quedamos. Se lo propuse pero ella comía hoy con sus padres, y yo con los míos.

–Pero una cosa, Mario: si tú también comías con tus padres y le has propuesto veros, es porque podías sacrificar diez minutos de la comida con tu familia para verla a ella, ¿no?

–No sé qué quieres decirme.

–Sí lo sabes, Mario. Otra cosa es que no lo quieras ver. Yo comprendo que ella lleva más retraso que tú en la carrera, que le quedan varias de tercero y creo que alguna de segundo. Que tú estás terminando y que no coincidís en algunas clases, pero no veo normal que estudiando en la misma facultad no os veáis en un día, pero eso no es lo peor, tú sabes que han pasado semanas sin veros. Mario, coño, que vivís en la misma ciudad, estudiáis lo mismo y apenas os veis. Nos conocemos los tres desde que éramos unos niños y sé de qué pie cojeáis cada uno. ¿Quieres que te sea más claro? –preguntó Nico mientras dejaba la jarra ya vacía, dando un golpe seco en la mesa.

–No hace falta que seas más claro, me has dicho lo mismo cuarenta mil veces.

–Mario, hombre. Que lleváis seis u ocho años juntos y...

–Ocho, exactamente.

–Fíjate, desde los catorce. Teníamos diez años cuando la conocimos, y no conoces ni a sus padres.

–Sí, sí que conozco a sus padres.

–Nos ha jodido, y yo también. Íbamos alguna vez a su casa cuando éramos niños. Claro que conocemos a la estirada de la madre y al engreído del padre. Cuando digo que no los conoces me refiero a que no tienes trato con ellos. Igual ya ni se acuerdan de ti, igual no saben ni que sales con su hija. Aunque, bien mirado, mejor, pues me caen los dos como una patada en el culo.

–Veo que tienes para todos.

–Sí, y más que podría decir –balbuceó el amigo de mi dueño tras beberse casi media jarra de un trago de su nueva cerveza.

–Venga, di, habla lo que quieras, Nicolás, joder, que hay confianza.

–Si confianza claro que la hay, pero siempre terminas mosqueándote conmigo. Mira, comenzando por lo que te he dicho antes, lo de la facultad.

–Ella vive en otro barrio y va en coche, tomamos rutas distintas.

–Ya lo creo que tomáis rutas distintas. Muy pero que muy distintas. Tú eres un muchacho de Embajadores, de Santa María de la Cabeza, que no está nada mal, peor es ser un tío de Vallecas. Y ella es una señorita del barrio de Salamanca.

–Hablas como si perteneciéramos a clases sociales radicalmente distintas. Y los tres nos conocimos en el mismo campamento de verano.

–Claro, claro... Los estirados de vez en cuando dejan que sus hijos se mezclen con niños normales del sur de Madrid para que vean otros mundos. Además, hace doce años el padre de Sandra no era aún uno de los abogados más conocidos de Madrid e incluso de España. Aún no había representado a la pedorra esa de la tele.

–Sigo pensando que exageras todo.

–No, Mario, no exagero. Aún hay más. Ella nunca ha tenido nada claro en la vida. Consciente o inconscientemente la han educado para triunfar, para ser alguien de éxito. Papá abogado y mamá diseñadora. Está educada para crearse una fachada vistosa aunque por dentro esté podrida.

–Creo que estás comenzando a pasarte. No bebas más.

–Bebo lo que me sale de las narices, que ya soy mayorcito. A ver, Mario, yo no digo que ella no te quiera. Sé a ciencia cierta que te quiere. Quizá más que tú a ella, te lo digo en serio. Desde siempre ha estado coladita por ti, pero hay una fuerza que es superior a todo eso. Esa fuerza le dice, le ordena, que tiene que encontrar alguien como ella, con buena posición, guapo, buen coche, y que papá y mamá le den el visto bueno.

–¿Me estás llamando feo? –preguntó Mario riéndose.

Cosa de agradecer, pues la conversación se ponía tensa por momentos.

–Sabes de sobra que no. Ya quisiera yo ser la mitad de guapo que tú, tío. Voy más por el tema del coche.

–¿Qué cojones tienen que ver aquí los coches?

–Joder, Mario, que tu novia no quiere decirle a sus padres, a sus amigas, que sale con un chico ciego.

–Repito que te estás pasando de la raya, Nicolás. Y te repito, además, que no deberías beber más.

–Ya lo sé. Y yo te repito que no es una crítica hacia ella. Ella, en el fondo, es una víctima. No tiene los ovarios suficientes para llevar a cabo el proyecto de vida que quisiera. Ella te adora, Mario. Nunca le gustó Económicas y se matriculó en esa jodida carrera por estar contigo o por admiración hacia ti.

–No tiene sentido lo que dices. La siguiente te la pides sin, que además tienes que conducir.

–Bebo lo que me sale de los cojones y para eso está el metro y el bus. Ella vive una batalla interna. Por un lado está su verdadero interior, que es lo que su corazón le dicta, y por el otro está esa fuerza de la que te hablaba antes. Es una fuerza que le ordena, que le hace llevar la vida de los demás, la vida que los demás quieren que lleve. Mario, tú no puedes estar toda la vida esperando a que se decida.

Dale un ultimátum o déjala directamente y así dejareis de sufrir los dos.

–Nicolás...

–Yo la aprecio mucho. La quiero, pero se comporta como una gilipollas.

–Nicolás...

–Sé que es jodido. Que son muchos años... A mí también me fastidia, pues mi relación de amistad con ella se verá afectada cuando la dejes.

–Nicolás...

–Ni Nicolás ni leches. Es la pura verdad –dijo el amigo de mi amo sentenciando con un duro golpe en la mesa que sirvió de punto y final a la conversación.

–Nicolás, vete a la mierda, no me hables más en tu puñetera vida.

–Mario, ¿qué haces?

–Voy a llamar un taxi.

–Yo te llevo. No seas...

–No, no quiero que me lleves. Estás medio borracho y además no quiero seguir hablando contigo.

Mario apenas atinaba a coger el teléfono. Estaba muy nervioso. Luz lo miraba con los ojos tristes desde detrás de la barra. Yo cada vez que le veía así lo pasaba muy mal. Era como si su malestar se me contagiase a través de una transfusión sanguínea. Comencé a lloriquear y Mario intentó calmarme con su ya temblorosa mano.

–No he bebido tanto, Mario, sólo dos jarras. Yo te llevo.

–No, no me vas a llevar. Ya pido un taxi. Y déjame en paz.

Salimos a la calle y estuvimos un rato esperando.

–A Embajadores 116, por favor.

–¿A la altura de Santa María de la Cabeza?

–Exacto.

Un hombre que vino con un coche blanco con una raya roja pintada en la puerta nos llevó hasta casa. Estos tíos eran súper amables, siempre nos llevaban de un lado para otro sin conocernos de nada. Los humanoides también se ayudan desinteresadamente los unos a los otros, aunque fuera de vez en cuando.

Al llegar a casa Mario soltó su fina chaqueta encima de una silla que había en nuestra habitación, y yo me tumbé en mi colchoneta. La chaqueta, que no había quedado bien colocada, fue cayendo lentamente de la silla como si descendiera desde un tobogán. Mario se dio cuenta pero no hizo nada, estaba reclinado aún vestido sobre su cama mirando el móvil.

–Un mensaje nuevo: Pulse la tecla 1 para abrir.

–Nico: Lo siento, tío, lo siento mucho. Me he quedado hecho polvo cuando te has ido así. Te quiero un montón, eres mi hermano y, como tal, no podía callarme eso.

–Mario: Tranquilo, Nico. Yo también te quiero como a un hermano, mañana hablamos, ahora no tengo ganas.

5
El graduado

TODO HABÍA CAMBIADO EN LA CIUDAD. La gente iba vestida de otra manera, hacía más frío y el suelo estaba continuamente lleno de hojas de los árboles.

En uno de aquellos días salíamos Mario y yo del edificio de la *uni*, junto a un compañero de clase.

–Ha sido tremendo, Mario. Cómo se ha clavado el tío. Joder, me ha salido como el culo. Tanto estudiar para nada –dijo el otro muchacho visiblemente enfadado.

–Uf. Ha sido duro, sí, ha sido duro. A mí se me ha dado bien, creo. Ya me lo esperaba, me he pasado todo el verano estudiando. Si apruebo ésta y otra que tengo mañana ya termino y a tomar por saco la *uni*.

–Qué suerte, chico.

–Venga, te invito a una *cerve* para tranquilizarnos y para celebrarlo. Que ya verás como tú también apruebas –dijo Mario asiendo al chico del brazo.

A mí no me hubiera venido mal tampoco probar eso de la *cerve*, pues pasé un día perruno y nunca mejor dicho. Tenía dolor de barriga y estaba muy nervioso. Durante el examen Mario no paraba de mover una de sus piernas y yo tampoco paraba de levantarme. Si algún profesor se acercaba a mí para acariciarme, Mario les pedía por favor que no lo hicieran, pues sería peor. Con lo cual, aumentaban más aún sus nervios y, por tanto, los míos.

Íbamos por una acera con un jardín a cada lado. De repente, mis tripas dijeron que hasta aquí habíamos llegado. Hice ademán de dirigirme al jardín que tenía a mi izquierda pero no me dio tiempo, me tuve que encorvar y allí mismo eché todo mi mal.

–Pero ¡oiga! ¿No se da cuenta usted de que su perro está efectuando una deposición? –gritó un sesentón barbudo que venía de frente a nosotros.

–¿Deposición? Lo que está es jiñándose encima el pobre perro –dijo el acompañante de Mario entre dientes, y a Mario se le escapó la risa.

El sesentón continuó su marcha refunfuñando todo tipo de anatemas contra los perros y los jóvenes. El acompañante de Mario, riéndose, le aconsejó a Mario que no recogiera aquello.

–¿Por qué?

–Dejémoslo, Mario, en que la textura de la deposición, como diría el profe, no permite la recogida manual. Y no me hagas dar más detalles, que se me están quitando las ganas de tomar la cerveza.

–Comprendo.

–Por cierto, Mario, una pregunta: ¿como recogéis vosotros los ciegos la caca del perro? Nunca te he visto hacerlo y me consta que lo haces –dijo el muchacho mirando con asco mi obra.

–Pues muy sencillo: cada vez que Cross hace sus cosas, él está atado con la correa y yo lo sujeto con ella. Cuando le vienen las ganas, hace una especie de bailecillo dando vueltas alrededor de sí mismo. Entonces yo ya sé que lo va a hacer. Cuando para de dar vueltas le pongo la mano en el lomo y memorizo la posición. Una vez que se retira me pongo la bolsa en la mano y procedo a recoger el pastelito –contestó Mario en tono informal.

–Ok, curioso. Muy curioso. Aunque hoy no le ha dado tiempo al pobre Cross ni de bailar media sardana. Bueno, vamos a por esa cervecita, que nos la merecemos.

Una mañana Mario se estaba preparando para ir a un acto o una fiesta, no sé bien lo que era. Lo único que sé es que aquel día fueron con él sus padres, Sandra y su amigo Nicolás. Y a mí me dejaron en casa atado, ésa era la primera vez que me dejaban solo.

Recuerdo que todos iban vestidos como si fueran gente mayor de lo que eran. Pocas veces vi a Mario así vestido en los años que estuve con él. Se puso una cosa atada en el cuello como si fuera una correa de perro pero más ancha y de tela, que le colgaba por la parte delantera del pecho hasta la cintura. Su padre se puso otra, pero Nico, Sandra y la madre no.

Algo me decía que yo no iría aquel día con ellos. Cuando me ataron y se pusieron los abrigos para salir comprendí todo. Apoyé mi cabecita en el suelo y puse la más triste de mis expresiones, pero ni por ésas. Todos me miraron y le hicieron a Mario algún comentario al respecto, pero ni aun así.

Estuve todo el día triste, apenas bebí agua. Me dormía a ratos y cada vez que escuchaba un ruido levantaba las orejas para ver si eran ellos. Mi tristeza aumentaba cada vez que comprobaba que era el ruido de un piso contiguo o algún vecino que entraba o salía.

Allí me quedé con el miedo metido en el cuerpo. Temía que Mario no regresara jamás y que aquello fuera otro cambio radical en mi vida. Temía no volver a servirlo nunca, no volver a sentir su olor a galleta lejana ni sus caricias. No volver a comer de su mano.

Se mezclaban los sueños con la realidad y los recuerdos. Mario, Jeremy, mi efímera dueña, mis compañeros perrunos de la escuela, otra vez Mario, Jeremy. Todos iban pasando una y otra vez por la pasarela de mis recuerdos. Sonidos, olores, imágenes borrosas e inconexas. Un delirio de sensaciones mojadas por la tristeza y la nostalgia de lo que se ha perdido y de lo que se teme perder. Una prueba de fuego para el corazón.

Tan sólo una mota de esperanza me permitía seguir respirando. No hacía otra cosa que dejarme llevar por mis pensamientos y respirar. Estaba paralizado físicamente, no sentía ni el frío ni el calor.

Las hojas de los árboles continuarían tapando el suelo de las calles. Las mujeres y los hombres seguirían con su paso apresurado por la ciudad. Los coches pasarían una y otra vez por la rotonda, pero allí, en el espacio que ocupaba mi cuerpo atado a una cadena, no pasaba nada. Mi alma estaba igualmente atada a la cadena, pero el miedo también estaría atado. De allí no se iba.

Lo eché de menos con toda mi alma. Esperé horas y horas. Horas que eran días, semanas y años. La angustia y el miedo también eran largos, de rostro muy gris y muy largo.

El ruido de la llave buscando la cerradura fue la delgada línea que separó mis miedos de mi esperanza.

Mario fue el primero en entrar por la puerta. Me miró como si me viera, sin duda me sentía. Se acercó a mí y quitó rápidamente el mosquetón de la cadena. Enseguida fui a buscar algún objeto, cualquier objeto para entregárselo y mostrarle mi gratitud. Trinqué un mando, creo que del televisor, y se lo regalé. Antonio, el padre de Mario, con suma rapidez me lo quitó amablemente de la boca y me entregó mi pelota de caucho macizo, así que se la di a mi dueño.

Allí quedaron los tristes pensamientos de la soledad de aquella tarde, es lo único malo que recuerdo de esa jornada. Bueno, la soledad y que a partir de aquel día, en el salón de la casa de los padres de Mario, colocaron una fotografía suya con un gorrito horrible y ridículo del cual colgaba una especie de fleco aún más horrible y ridículo. Menos mal que esa fotografía se quedó allí para siempre cuando Mario se independizó.

Los padres de mi amo se marcharon a la cocina, y pronto comenzó a salir de allí un agradable olor a café. El café huele a hogar pero sabe a rayos. Yo me quedé con los jóvenes en el salón. Los tres se sentaron en el sofá, y yo me senté y luego me tumbé a los pies de Nico. Era la manera de tumbarme lo más lejos de Sandra, que aquella tarde olía más fuerte que nunca.

Nico tampoco olía demasiado bien. Cada vez que hablaba salía de su boca olor a cerveza, pero no a la cerveza que les ponen en las jarras y que alguna vez he chupado clandestinamente, sino a una cerveza revenida y rancia.

–Bueno, chicos, yo os voy a dejar, que en mi casa se cena pronto –dijo Sandra entre risitas tontas.

–¿Cenar? Pero mujer, que son las seis de la tarde. ¿Qué cenáis, a la hora de las monjas? –dijo Nico mientras ponía con confianza sus piernas encima de la mesa.

–Nico lleva razón. Es muy pronto, Sandra. ¿Por qué no llamas a tus padres y les dices que hoy no cenas con ellos? Podemos ir los tres con Cross al Mármol y picar algo allí.

–Es que mi padre no está hoy muy contento conmigo por el tema de las notas. Bueno, en verdad lleva así meses, pero es que esta mañana la hemos tenido cuando le he dicho que hoy comía fuera. Se creen que aún tengo quince años.

Nicolás se rascaba la cabeza o se estiraba o bostezaba mientras Sandra hablaba.

–Otro día quedaremos, chicos. Hoy ya hemos comido juntos. Cuando estén mejor las cosas os acompaño una noche al Mármol o nos vamos de cañas por la Cava Baja como en los viejos tiempos.

–Bien, como tú quieras, Sandra –dijo Nico mirando a Mario en vez de a ella.

–Pues entonces dame dos besos, que ya no sé cuándo te veré. Y me marcho al tigre, que me lo hago encima.

–No cambia nunca este Nicolás.

Mario ni siquiera contestaba. Tenía la mano puesta en la barbilla y miraba al frente.

Sandra se despidió con efusividad de su novio. Lo abrazaba muy fuerte y yo lloriqueaba pues ya me imaginaba, como más tarde pude comprobar, que le estaba impregnando de ese olor que tanto me repelía.

–Bueno, Mario, mi niño, como ya no nos veremos por la *uni* nos llamamos por teléfono, ¿vale? Mañana te llamo y hablamos de lo del *finde.*

–Sí, hablamos lo del *finde* –contestó Mario apenas sin ganas.

–Pero vendré un ratito sólo, pues ya sabes lo que hay.

–No te preocupes –contestó mi amo con una sonrisa de resignación en el rostro.

–Adiós, perrito lindo. De ti también me despido –me dijo agitando la mano sin tocarme un pelo.

Perrito lindo, dice. Como si yo no tuviera nombre. Pues nada. Marcha, marcha, muchacha cursi. Marcha como los perrunos. Marcha por la sombra.

6

Con la banca hemos topado, amigo Mario

SUPONGO QUE TODA LA HABITACIÓN estaría impregnada de aquel olor característico. Cuando se entra en un sitio percibimos su olor de súbito, pero una vez que permanecemos allí nuestro hocico se acostumbra y ya no se percibe.

Cuando Mario y Sandra habían comenzado con el asunto en cuestión yo ya había percibido el olor, pero al rato, incluso cuando estaban en reposo, ya no me llegaba nada, pero a buen seguro que la habitación estaba inundada de ese aroma. Era una fragancia ácida y agradable, húmeda y persistente.

Seguían charlando tumbados en la cama. A mí me habían atado en otra argolla que Mario tenía en su habitación, supongo que para estos menesteres, aunque esto sólo sucedía de vez en cuando, cuando los padres de Mario no estaban. No entiendo el porqué.

Mario se incorporó para encender un radiador. Se estaba haciendo de noche y allí ya hacía algo de frío.

–Mario –le dijo su novia en tono anunciatorio.

–Dime –contestó mi amo con cierta socarronería.

–No... es que... he estado pensando sobre lo que me dijiste el otro día en aquel e-mail, y pienso que llevas razón.

Mario quedó paralizado con el cable del radiador en la mano esperando que ella terminase su discurso. Ambos seguían desnudos.

–Creo que en estos años no he tenido un comportamiento razonable contigo. Tú sabes lo que siento. Son muchos años ya, nos conocemos desde niños. El cariño es muy fuerte, no podría vivir sin ti, Mario, te lo digo en serio. No sé vivir de otra manera. Aparte de la pasión y demás te tengo un cariño familiar, prácticamente no tengo un buen recuerdo en el que no aparezcas tú. Siempre hemos estado juntos, conozco a tus padres y estoy acostumbrada desde niña a pasar tiempo con ellos. Tú, sin embargo, apenas sabes nada de mi familia.

Mario, al ver de qué iba la cosa, se tranquilizó y puso fin a su estatismo enchufando al fin el radiador.

–Quiero que el próximo fin de semana vengas a comer a mi casa. Esta noche se lo comentaré a mis padres.

La cara de Mario cambió de repente. No sabría decir si expresaba emoción, alegría, sorpresa o quizá de todo un poco. Él no le contestó. Se limitó a colocar bien el radiador y una vez que se sentó en la cama buscó su cara y sus labios con las manos, la besó y de nuevo hicieron otro frota-frota.

Yo, cada vez que lo hacían, me ponía de los nervios. Quería llamarles la atención y me subía a la cama con algún objeto en la boca: una zapatilla, mi hueso, mi pelota de caucho macizo o lo que fuera. A Mario esto le hacía gracia pero lo intentaba disimular fingiendo ponerse autoritario. A ella no le hacía tanta y enseguida me ataban y allí terminaba mi juego y comenzaba el de ellos.

A veces lloriqueaba desde mi cautiverio y en otras ocasiones mi protesta era más beligerante, ladraba y ladraba hasta que los interrumpía. Esto de ladrar no me salía gratis, pues al final la tontería terminaba cuando Mario me ponía el bozal. Ahora, que a ellos tampoco les salía gratis, pero aquella tarde el calorcito del radiador me tenía medio atontado y opté por no dar demasiada guerra; un par de gimoteos de chantaje emocional y poco más. Tras terminar con lo suyo continuaron de cháchara.

–¿Sabes? Me pregunta mucha gente por ti en la facultad.

–¿Sí?

–Bueno, por ti y por Cross. Ya les digo que has decidido tomarte estos tres meses de descanso y que después de Año Nuevo comenzarás con tu proyecto de autoempleo. Me dicen que aproveches en estos meses para ir un día a la cafetería a verlos.

–Pero... pero Sandra, si salvo dos o tres o a lo sumo cinco, no me hacían ni puñetero caso ni cuando me veían con dificultades en la cafetería.

–Eso son tonterías tuyas, Mario. Además... ¿dificultades? Tú nunca has tenido dificultades, te manejas perfectamente.

–Me refiero a cuando por ejemplo Cross no me guiaba porque se quería ir a las mesas a olisquear el almuerzo de la gente. En vez de ayudarme se limitaban a hablar de mí como si no pudiera oírlos, como si no existiera. Y me ponían muy mala cara.

–¿Y tú qué sabes si te ponen mala cara? –contestó ella con tono indignado.

–Sabes que lo sé.

–Bueno, yo te cuento lo que me han dicho y punto. Luego tú haz lo que te dé la gana. Cambiando de tema: ¿vas a ir mañana a eso?

–Sí –contestó Mario tras una pausa–, iré. Estuve hablando por teléfono con el director, estoy seguro de que no habrá problema ninguno. Le sorprendió positivamente mi proyecto. Además, dijo que valoraba mucho mi valentía. Y la cantidad no es tan grande como para que me la denieguen.

–Y una cosa, Mario. Aunque no sea asunto mío, ¿por qué no les pides mejor el dinero a tus padres? –preguntó Sandra bajando poco a poco el tono de la voz.

–Mis padres no son ricos. Quizá diez mil euros sí tendrán. Ni lo sé ni me importa, pero no pienso pedírselo a ellos. Precisamente por eso, porque si los tienen me los van a dar. Yo sé que la gestoría últimamente no va todo lo bien que debería ir y no quiero ser una carga para ellos. Sabes que me gusta ser autónomo para todo. La autonomía es la única manera de rebelarse contra las barreras, contra todo tipo de barreras.

–Ya, pero Mario...

–Mira, Sandra, las personas que tenemos una discapacidad si no rompemos, si no derribamos todo aquello que nos protege, no somos nunca libres. Está bien la ayuda, no digo que no, la necesitamos, claro que sí, y está bien que la gente nos la ofrezca, pero somos nosotros quienes libremente tenemos que administrar esa ayuda en beneficio de nuestra autonomía. A mí me encanta cuando voy a cruzar una calle y viene una persona a ayudarme. Si el paso no entraña dificultad, le doy las gracias por la ayuda y le digo que no hace falta que me cruce pues conozco bien el recorrido. Si el paso es difícil, le doy igualmente las gracias y le pido que me ayude. La ayuda es siempre digna de gratitud, pero otra cosa muy distinta es cuando esa ayuda te la imponen, cuando a alguien le has dicho que no hace falta que te cruce y la persona insiste e insiste.

–Pero Mario, vamos a ver: ¿qué tiene esto que ver con tu discapacidad? Estamos hablando de dinero. Los padres dejan dinero a los hijos, sean ciegos o no lo sean. Los padres ayudan a los hijos sea cual sea su condición.

–Sandra: en mi caso sí tiene que ver, y punto –sentenció Mario.

Esa mañana no cogimos el metro. El sitio donde fuimos estaba a tres o cuatro calles de la casa de Mario, de nuestra casa. Era un local acristalado, con varias mesas donde atendían hombres y mujeres a otros hombres y mujeres.

Había alguna que otra planta, que olfateé debidamente, pero eran plantas inodoras. Tuvimos que esperar un rato en la puerta de un despacho. Alguna de las personas que salían de allí lo hacían con una sonrisa enigmática, pero la mayoría solían abandonar el lugar con cara larga y de preocupación.

Mario estaba nervioso. ¿Qué pasaría allí dentro?

Cuando llegó nuestro turno salió del despacho un hombre con ropa de esa rara como la que se puso Mario el día que me dejó solo, el primer día que me dejó solo. Ese atuendo consistía en un pantalón y chaqueta del mismo color y la correa esa del cuello.

El señor que nos recibió tenía en el rostro una sonrisa artificial, pues era de quita y pon. Recibió a Mario con toda clase de parabienes y palmaditas en la espalda, y de inmediato se puso a acariciarme y a hacerme gracias. Mario le advirtió de que esto no se debe hacer. No obstante, a mí no me gustaba ese señor ni para jugar.

Mi amo se sentó en una silla frente al hombre. La de Mario era de peor calidad que la del tío ese, que más bien era un sillón.

–Bueno, Mario, ¿qué te trae por aquí? –dijo el hombre tras forzar aún más su estudiada sonrisa.

–Como ya te comenté por teléfono –comenzó a decir Mario carraspeando entre frase y frase–, tengo un proyecto de autoempleo que me gustaría... que me encantaría llevar a cabo. Consiste en crear una pequeña empresa destinada a la digitalización de documentos impresos. Yo me encargaría de la captación de clientes, que pueden ir desde empresas privadas a organismos públicos. Existen en dichas empresas y organismos ciertos archivos físicos que en ocasiones están mal ordenados y cuya gestión es difícil. Si estos documentos son digitalizados, aparte del ahorro en espacio, ganarán en efectividad a la hora de buscar cualquier documento que precisen. Yo también me encargaría de escanearlos y ordenarlos. Y quién sabe, si la cosa va bien igual con el tiempo puedo contratar otra persona para que me ayude a realizar ambas tareas.

Mario iba perdiendo su nerviosismo según se expresaba. Iba subiendo el tono poco a poco. Cuanto más hablaba más entusiasmo iba poniendo, pero él no sabía, ni yo se lo podía decir, que su interlocutor iba poniendo distintas versiones de gestos de extrañeza cada vez que mi amo pronunciaba una palabra.

–Mira, no lo había pensado pero incluso los bancos podríais ser futuros clientes míos –dijo Mario llegando al pico más alto de su entusiasmo–. En fin, Anselmo, ahí tienes toda la documentación del proyecto. Tampoco es mucho el presupuesto que se necesita. Una cantidad para hacer frente a la fianza y al primer mes de alquiler de la oficina, un ordenador, los periféricos, el software que se necesita para estas funciones y el que yo utilizo como ciego. Y además, un depósito que me permita ir tirando los primeros meses –continuó diciendo esto último y riendo levemente–. En total unos diez mil euros –concluyó Mario con aire de solemnidad.

El hombre estuvo ojeando los papeles un buen rato antes de pronunciar palabra. Pasaba una hoja, se rascaba la cabeza, pasaba otra hoja, se ponía la mano en el mentón, y así estuvo un buen rato. Durante ese tiempo de estudio de los documentos de mi amo se olvidó de su prenda más significativa: su forzada sonrisa. La cambió por un gesto grave, mejor dicho, por todo un catálogo variado de gestos serios y de asombro.

Finalmente, tras carraspear varias veces como si no pudiera recuperar el habla, volvió a ponerse su sonrisa ornamental como quien se pone un adorno. Por fin, mirando fijamente a mi amo, habló.

–Me parece un proyecto estupendo, Mario. Muy valiente e innovador. Gente como tú es la que necesitamos en este país, además, está muy bien elaborado. Se nota que eres minucioso trabajando. Voy a hacerme una copia de todos los documentos y...

–No, no hará falta. Esa copia es para ti. Yo lo tengo guardado en mi ordenador –contestó Mario animoso.

–Ah, está bien. Pues lo dicho, Mario. Me quedo tu documentación. Hoy es lunes, nos vemos en una semana, si te parece bien.

–Estupendo. Vendré, Anselmo –respondió Mario henchido de felicidad.

El señor nos acompañó hasta la calle y, como si de unas personas importantes se tratase, nos abrió la puerta y se despidió de nosotros reverencialmente.

Al salir del local yo me arrimé a la pared acristalada, levanté mi pata izquierda y allí eché todo el líquido que me dio tiempo a soltar hasta que mi amo me retiró de mi acto de sabotaje dándome un seco tirón de la correa. Cuando quiso interrumpir mi hazaña ya goteaba un buen chorreón por el grueso cristal, y esta gloriosa marca desprendía un olor que allí quedaría hasta que otros olores vinieran a borrar mi huella particular.

Mario pasó los días siguientes con bastante ánimo. Le contaba a todo el mundo la reunión con aquel hombre, a gente a la que llamaba por teléfono, a sus padres, a Nico, a Sandra.

Era la primera vez que subía en su coche. Ya había montado en alguna ocasión en el de los padres de Mario y otras muchas más en el de Nico, pero éste era más grande, hacía bastante menos ruido y, sobre todo, olía de forma muy diferente al de su amigo Nicolás.

Durante todo el trayecto fui mirando por la ventanilla. Pasaban edificios. Pasaban coches. Pasaban perrunos y pasaban árboles. También personas. Mientras conducía Sandra me iba haciendo carantoñas.

–Hola, perrito. Hola, holita. ¿No me miras? Yo creo que Cross no me quiere, ¿verdad, perrito?

Si es que eres muy cansina y siempre hueles igual a ese líquido tan pegajoso, pensé. Además, te quieres hacer la graciosa sin serlo. Y me tocas sin ganas y como con asco. Cuando lamo tus manos siempre me saben muy amargas. No me gusta tu crema. Déjame que mire por la ventanilla tranquilo y deja mi cogote en paz, que si no, luego me va a oler el pelo a ese perfume raro, continuaba pensando mientras surcábamos la ciudad.

Dejamos el coche en otra de esas habitaciones gigantescas repletas de columnas. Ésta olía igualmente a humo y gasolina, pero no sé, los coches allí eran diferentes. Eran más largos o más altos y más relucientes.

Subimos por un ascensor en el que había música y todo. Los pasillos eran largos y alfombrados, pero por desgracia las alfombras estaban tan limpias que no olían a nada, a nada interesante.

Entramos por fin a la casa, y allí estaba la madre de Sandra, que era una copia exacta de su hija, a pesar de tener unos treinta años más que ella. Olía igual, hablaba igual y miraba igual. El padre era un hombre muy serio, que ni olía ni hablaba pero, sin embargo, mirar sí que miraba bastante. Parecía como si a través de su mirada todo le fuera alcanzable. Como si no le hiciera falta preguntar nada.

La madre de Sandra iba tras de mí a cada momento, quitando con aire escrupuloso los mechones de pelo que yo iba soltando por el suelo de madera.

La mesa ya estaba preparada, muy preparada. La madre de Sandra preguntó si yo estaría cerca de la mesa mientras comíamos.

–Estará debajo de la mesa. Es donde tiene que estar –respondió tajantemente mi amo, pese a que la pregunta no iba dirigida a él, sino a Sandra.

La señora, forzando hasta límites insospechados la sonrisa, miró a Mario y después a su hija diciendo:

–Bien, bien. Que se ubique donde se tenga que ubicar. Sandra, ya era hora de que nos trajeras a tu amigo a casa. A ver si traes también al otro chico ese con el que os juntáis. A Mario no lo veíamos desde que era un niño y a...

–Nicolás –interrumpió Mario suspirando.

–Eso, gracias, Mario. A Nicolás tampoco lo vemos desde que era un niño.

Sandra hundió los ojos en el plato vacío, y Mario hundió los ojos en Sandra, mientras el padre continuaba radiografiándolo.

Luz, tan radiante como siempre, se acercó a la mesa con las dos jarras de cerveza, y pellizcándole a Mario en una mejilla le dijo cariñosamente:

–Alegra esa cara, corazón.

Cuando la camarera se retiró a la barra Nicolás hizo el mismo comentario de siempre.

–Cada día está más buena.

Mario contestó levantando con desgana las cejas y se quitó la mano que tenía apoyada en la otra mejilla, la que no le había pellizcado Luz.

–Bueno, hombre, cuéntame. ¿Qué narices ha ocurrido? ¿Tan mal ha ido la comida? –preguntó Nico tras darle un largo trago a su jarra y golpear enérgicamente la mesa con ella.

–Ni bien ni mal.

–Pues a juzgar por tu careto y por la mala hostia que tenías cuando me has llamado esta tarde... Ya me dirás, Mario.

Prometo no ser tan duro contigo como la otra vez –le dijo Nico con aire comprensivo y casi paternal.

–Como un amigo, me presentó como a un amigo. Los padres estuvieron muy correctos conmigo, eso sí. La madre es igual que Sandra. Incluso se parecen en la voz.

–Será que Sandra es igual que su madre, ¿no?

–Bueno, sí, eso es. El padre no habló apenas pero yo notaba que me observaba mucho. Me presentó como si yo fuera un amigo. ¿Entiendes?

–Sí, ya me lo has dicho, pero ¿qué más pasó?

–Nada más. Aguanté el tipo por cortesía. Tras la comida nos sentamos todos en los sofás del salón a ver un rato la tele. El padre leía el periódico y creo que fue el único rato que dejó de mirarme. Lo único divertido que tuvo la jornada fue que cuando nos sentamos allí Cross se revolcó sobre la alfombra como si quisiera dejar su rastro.

»En ese momento el padre retiró la mirada del periódico, ya que sonó el papel cuando lo bajaba de su vista. Imagino que miraría a Cross con mala leche y todo. Sandra y su madre rieron cínicamente y cuando logré parar a Cross la madre se levantó a quitar los pelos que el perro había dejado.

–Bueno, no estuvo mal. ¿Y qué más?

–Pues nada. Como yo no estaba de muy buen humor al poco rato dije que me tenía que marchar. Sandra me preguntó que por qué tan pronto, mientras que la madre repitió exactamente lo mismo y el padre siguió con su periódico. Le dije a Sandra que regresaría en metro, y que como ella había tomado vino en la comida preferiría que no cogiera el coche. Respondió que no, que solamente había tomado una copa, y que no tendría problema en acercarme. Yo insistí diciendo que así no tenía que sacar el coche del garaje, y en fin, me acompañó hasta el metro como si nada.

–¿Como si nada? –preguntó Nico.

–Sí, como si nada. No hablamos más que de cosas superficiales. Que qué me había parecido la comida, si me había gustado el vino, que menudo trasto era Cross, que se había revolcado sobre la carísima alfombra de su puñetera madre, etcétera, pero ni una sola palabra de su presentación. Ni yo tenía ganas de hablar de ello ni ella se atrevía, supongo.

»Solamente cuando llegamos a la boca del metro cogió con una mano mi mano y con la otra mi mejilla. Iba a besar mis labios y yo le di dos besos de amigo, pero se retiró brusca y extrañada. Yo me limité a sonreírle y decirle: bueno, amiga, ya nos veremos, ¿ok?

–¿Y ella qué te dijo?

–Nada, se limitó a decir: lo siento, Mario, lo siento.

Bajé las escaleras del metro y me marché a casa.

Nico se quedó un rato observando a su amigo. Se cruzó de brazos y se apoyó sobre el respaldo de la silla como si quisiera ver a Mario con más perspectiva.

–¿Qué opinas, Nico?

–Lo que yo opino ya lo sabes y no pienso repetirlo. Lo único que te voy a decir es que Luz está cada día más buena y que tú no tienes novia. Tienes una amiga.

Mario se puso a la cola y dio los buenos días agarrado a su carpeta. La gente no le contestó. Para qué iba a hacerlo si él no los veía.

Me tumbé en el suelo a mirar la calle a través de la gran cristalera, ya que me gustaba ver pasar por allí a la gente.

Todos iban deprisa menos algún viejecito, que parsimoniosamente caminaba apoyado en su bastón.

Segundos antes de que nos tocara pasar al despacho vi al otro lado de la cristalera a una joven que me miró y sonrió al verme allí tumbado. Su rostro me resultaba familiar, y su olor también, pero éste no me llegaba del todo; recuerdo mejor los olores que las caras. El hombre del despacho nos llamó desde dentro, aunque esta vez no salió a recibirnos.

Pasamos el umbral de la puerta del despacho y yo volví mi hocico instintivamente hacia la puerta de la calle y vi cómo pasaba a aquel lugar también agarrada a una carpeta la chica que me había sonreído. Ahora sí que pude reconocer su olor, no había duda: era ella.

Mario se sentó en frente del señor, que ni siquiera levantó la mirada de unos papeles que tenía encima de la mesa, como si éstos fueran mucho más importantes que nosotros. Pude observar cierto nerviosismo en él, y esta vez no se molestó en ponerse la sonrisa. Apiló con ademán de experto los papeles, y dirigiéndose a mi amo dijo alargando cada palabra:

–Vamos a ver, Mario. Hemos estado estudiando minuciosamente tu proyecto y nos parece magnífico. Yo particularmente opino que has tenido una fenomenal idea. Hoy en día tenemos una gran herramienta con la informática y la tenemos que utilizar para cosas útiles que nos faciliten la vida. Tú sabes mucho de eso. A través del ordenador puedes leer la prensa, escribir... hacer tu proyecto, sin ir más lejos. Las empresas y las instituciones seguimos acumulando y acumulando papeles que no ordenamos ni siquiera adecuadamente, como dices en la introducción. Eso me gusta. Sería magnífico que existiera una empresa, alguien, que tras firmar un contrato de confidencialidad, gestionara y le diera un trato digital a toda esa información desordenada y que cuesta mucho tiempo y espacio administrar. Creo que tendrías muchos clientes, y quizá nuestro banco sería uno de ellos.

Mario iba sonriendo cada vez más.

–Pero verás, Mario –dijo el hombre adoptando un tono paternal acompañado de un largo suspiro–, el momento económico en el que estamos no es nada malo, pero está, a buen seguro, llegando a su fin. Estamos terminando el ejercicio del año y no sabemos qué nos va a deparar el siguiente. Probablemente este *boom* de la vivienda no dure mucho y la construcción pegue un bajón impresionante. Además, no sé cómo decirte esto. Sabes que nosotros, y yo en particular, te admiramos mucho y que conocemos de sobra todas tus capacidades, pero ahí fuera existe un mundo ferozmente competitivo que, por el contrario, no te conoce y que no tiene tiempo para hacerlo. Quiero decir que sé de sobras que eres un tío súper capaz de hacer cuanto te propongas, incluso más capaz que muchísima gente que sí que ve y que no tiene el arrojo que tú tienes ante la vida, ya no sólo en el plano empresarial, también en el personal.

Suspiré profundamente, y noté acelerarse el corazón de mi dueño.

–Si tú vas a ofrecer tus servicios a una empresa no van a ver en ti a primera vista a un joven avispado e inteligente con multitud de capacidades, ellos verán una persona que... –y se frenó en seco. Mientras, miraba una olvidada papelera que había en un rincón. Como pidiendo fuerzas a este objeto que le permitieran decir lo que no tenía narices a revelar.

–Que no ve –dijo con voz quebrada Mario, tragando saliva.

–No quiero decir con esto que tu discapacidad dé mala imagen. Lo que pretendo explicarte es que el mundo empresarial e institucional no está preparado para comprender que una persona ciega pueda estar más capacitada que otra que ve. Si de mí dependiera, amigo Mario, te daría el dinero ahora mismo, pero no depende solamente de mí. Además, tú me comentaste en una de nuestras conversaciones telefónicas que querías evitar a toda costa que tus padres tuvieran que avalarte, y si a eso sumamos que no tienes ningún ingreso adicional en la actualidad, la cosa se nos pone realmente difícil.

–Si tuviera algún ingreso no me haría falta pediros un crédito –contestó Mario teniendo que carraspear, pues no le salía la voz.

–Lo siento, Mario, esto es lo que hay, amigo mío. Otra posibilidad que existe es que te podríamos dar tres mil euros con aval o que el préstamo lo solicitaran tus padres. Créeme, si de mí dependiera hoy mismo tendrías tu crédito –repitió el hombre reclinándose en su enorme sillón de cuero negro.

Se despidieron con un flojo apretón de manos y el hombre dio a Mario tres palmaditas en la espalda.

Sentada en una silla estaba la chica de la carpeta. Al ver que salíamos del despacho se levantó y se dirigió hacia nosotros.

–¿Me recuerdas, Mario?

Mario estaba aturdido y no pudo contestar apenas. Se rascó la cabeza...

–¿Y si te digo que el sinvergüenza este que llevas contigo se desayunó un día mi cruasán sin contemplaciones?

El rostro de Mario se iluminó, y se borró de él toda la oscuridad.

La chica se alegró mucho cuando Mario la reconoció. Se dieron un abrazo como si se conocieran de toda la vida y llevaran años sin verse.

–¿Ya habéis terminado, chicos? Yo ya he resuelto lo mío. Cuando estabais pasando al despacho os he visto desde la calle y creo, bueno, creo no, estoy segura, de que Cross me ha reconocido. Es súper listo y sigue igual de guapo, bueno, diría que aún más –dijo nuestra amiga mientras acariciaba mi cogote–. Si habéis terminado os invito a desayunar. A ti no, Cross, que tu dueño no me deja.

–Y tanto que hemos terminado. Ya lo creo que hemos terminado –dijo Mario apesadumbrado.

La chica lo miró queriendo comprender el porqué de esa tristeza, pero no se atrevió a preguntarle. Lo miró tiernamente, con mucha dulzura. A buen seguro que, si el decoro humanoide no la hubiera frenado, ella le habría cogido la mano y le habría dicho que le contara qué era aquello que le preocupaba y dolía. Y a continuación ella le acariciaría el rostro y lo abrazaría para consolarle. Nada de eso ocurrió. Se limitó, que no es poco, a mirarlo tiernamente durante unos segundos.

Era tal la noble energía que aquella mujer desprendía que seguro que Mario veía ese rostro magnífico, esa cara plena de dulzura. Toda ella tenía una belleza natural.

Entramos en una cafetería que olía a pan tostado y se sentaron a una mesa uno frente al otro. Yo debajo, como siempre, me tumbé entre ambos y apoyé mi cabeza en el pie de ella.

–Qué bonito es, se ha apoyado en mi pie. Ya sé que no debo acariciarlo cuando va con el arnés y está trabajando, pero es tanta la tentación. Me alegra un montón haberos encontrado de nuevo.

–A mí también, María. Mejor dicho, a nosotros también. Además, tras conocernos en la *uni*, pensé: *jo*, nos hemos despedido sin darnos el teléfono o el e-mail. Me dio pena pensar que no te vería más.

Al decir esto último noté cómo se aceleraba el corazón de mi amo, pero también percibía que aquella aceleración era distinta por completo a la sufrida minutos antes en el despacho.

–Sí, yo pensé lo mismo. Y también me entristeció la posibilidad de no volver a encontraros.

Tras decir esto, María se quedó absorta abriendo los ojos de par en par mirando hacia un lado.

–¡Dios mío, chicos!

–¿Qué ocurre?

–¿No lo oyes?

–Sí, ahora sí. Uf, como llueve. Llueve y llueve –dijo mi amo bajando la voz poco a poco– sobre los chopos medio desojados.

–Sobre los pardos tejados –contestó ella adquiriendo el mismo tono.

–Sobre los campos, llueve –musitó Mario bajando poco a poco la voz hasta enterrarla en el silencio.

–Vaya, con lo joven que eres y te gusta Serrat.

–Me gusta todo tipo de música. La buena, claro está, pero si somos casi de la misma edad, estoy seguro.

–Bueno, bueno. Algún año más que tú sí que tengo, Mario, pero también soy muy joven para que me guste Serrat. Me encanta. Mi padre lo escucha mucho y desde pequeña me he criado con sus letras.

–Eso mismo me ocurre a mí. A mis padres les encanta. Yo lo escucho casi a escondidas para no reconocer ante ellos que me gusta la música de su generación. Si ellos supieran que me sé de memoria casi todas las letras de Serrat, seguro que se sorprenderían. Y sobre todo un amigo que tengo, mi mejor amigo, que es un macarra tremendo y solamente escucha rock duro. A mí me gusta algo el rock, sobre todo el de los sesenta y setenta. El americano sobre todo. Él le da más al rock nacional.

Según hablaba Mario se iban borrando de su gesto los restos de las sombras que le habían invadido tras la reunión con el hombre del banco, y a María se le iba apaciguando el rostro y sus grandes ojos parecían decir el nombre de mi dueño.

–Entonces, Mario, si te sabes las letras de Serrat imagino que te gusta la poesía. ¿Te gusta Miguel Hernández?

–Pues te seré sincero, no acostumbro a leer poesía, y eso que mi madre prácticamente no lee otra cosa, pero cuando era pequeño me llevaba a recitales de poesía, y entonces sí que me gustaba. Y mira que lo he intentado en braille y en sonido. Aunque no me disgusta no llega a engancharme, pero lo cierto es que prefiero una buena novela. En cambio mi padre es el lector perfecto; lee tanto poesía como prosa. Se llama Antonio, y antes de que yo naciese estaba predestinado a llevar su nombre o el de mi madre. Ellos bromean con que en su día discutieron porque cada uno propuso el nombre de su poeta preferido, y finalmente le ganó Benedetti a Machado. Así es como mi madre le echa la culpa a mi padre de haber elegido él el nombre. Ya que Mario Benedetti es el poeta favorito de mi padre.

–¿Y qué tipo de novela te gusta leer?

–De todo menos *bestsellers.*

María se carcajeó al oír esto.

–Pero al final termino leyéndomelos también.

–¿Y por qué te los lees si no te gustan?

Mario miró a un lado como meditando si debería contestar a esa pregunta o si le convenía hacerlo. Parecía como si estuviera pidiendo consejo a un amigo imaginario o a la máquina tragaperras del bar hacia la que estaba mirando sin saberlo.

–Pues por tener algo de que hablar con mi novia, ella sí acostumbra a leer los súperventas.

María enmudeció unos segundos y su sonrisa se escondió durante ese tiempo.

–Veo que tienes pareja, por tanto.

–Sí, algo parecido digamos. En verdad no sé lo que tengo. Ayer prácticamente lo dejamos. O lo dejé yo, pero bueno... –dijo Mario con un movimiento de mano como queriendo sacudir y expulsar de aquel lugar sus pensamientos–. ¿Y tú? ¿Tienes pareja?

–No, no tengo novio ni nada parecido.

–¿Y vives por aquí cerca? ¿Eres clienta de ese banco? Yo vivo en Embajadores, a la altura de Santa María de la Cabeza.

–Cerca, cerca no. Tengo el despacho en la calle Atocha, pero ayer vine por aquí y paré en el cajero a sacar dinero y se me quedó la tarjeta dentro, así que he venido hoy a solucionarlo. Resido en el barrio de Pacífico, cerca del parque de El Retiro.

–¿Te han solucionado ya lo de la tarjeta?

–Sí, no ha habido problema. ¡Menos mal, pues ayer pillé un disgusto! Había quedado con unas amigas a tomar algo y me tuvieron que dejar dinero. En fin, hay males peores... –dijo riéndose.

–Sí, ya lo creo.

Mario le relató lo ocurrido esa mañana en el despacho del banco y le explicó con todo detalle su proyecto. Cada cuatro o cinco frases le preguntaba a María si no la estaba entreteniendo pues ella tendría que irse a su despacho, pero María amablemente le dijo que no se preocupase, que los lunes por la mañana no pasaba consulta pues los dedicaba a realizar gestiones, y que aquel día no tenía muchas más que hacer y además era temprano. Añadió además que se encontraba muy a gusto y que no le apetecía salir de allí con la que estaba cayendo.

Tras estar un buen rato de cháchara se levantaron para despedirse.

–Habéis tenido suerte, chicos, ha parado de llover. Lo malo es que no tengo aquí el coche y no os puedo acercar a donde vivís. Lo hubiera hecho con mucho gusto.

Para finalizar, María y mi amo se despidieron y ella le entregó una tarjeta rectangular de cartón.

7
Y nos dieron las nueve

CUANDO TERMINÓ LA ÉPOCA de las hojas llegó la del frío, la del mucho frío. Yo notaba que Mario iba terminando sus días, sus meses de descanso, pues cada vez le notaba más activo.

Resultaba mareante y perturbador el cambio que aquellos días le habían dado a la ciudad. De casi todas las tiendas salía música repetitiva, y de casi todas las calles colgaban luces que cruzaban de un lado a otro. Incluso a la puerta de algunos comercios se ponía un señor grueso disfrazado con una barba blanca, un gorro rojo y un traje del mismo color. También colgaba de algunos balcones toda suerte de objetos luminosos y decorativos, y en otros balcones y terrazas pendían muñecos que imitaban a los señores estos de la barba blanca.

El primer día que vi un muñecote rojo y barbudo encaramado a una terraza y movido por el viento me asusté y casi me lo hago encima. De inmediato me puse a ladrarle como un loco.

Mario no sabía qué pasaba pero sí que se imaginó que aquel ladrido era de miedo. Me regañó por hacerlo, pero a la vez me tranquilizó acariciando más tarde mi cabeza. Aquel fantasmagórico muñecote era inofensivo, de muy mal gusto estético, pero inofensivo.

Por ésta y muchas otras cosas no comprendo a la especie humanoide. ¿Por qué esta manía de imitarse a sí mismos? ¿Por qué poner y hacer hombres y mujeres de mentira que tan siquiera huelen a hombre o a mujer, solamente a hilo o a plástico? Pero lo que más incomprensible me resultaba era la continua imitación de la Naturaleza. ¿Por qué la imitaban si podían disponer de la verdadera?

En aquella época del año también ponían árboles o arbolitos, según el caso, que no eran de verdad. Solían ser armazones de metal recubiertos de otros materiales y recargados de adornos y tentadores juguetes. Esos árboles no olían a nada, si acaso a hierro o a plástico. No desprendían ninguna energía, sólo estorbaban.

Una noche salimos de casa y el patio que había que cruzar para llegar hasta la portería estaba decorado de la manera que os he descrito. Nada más salir del portal nos asaltaba la música de los comercios cercanos y yo quedaba hipnotizado por las lucecitas que pasaban por nuestra cabeza.

Mario había quedado con su amigo Nico en el Mármol Blanco. Cuando salimos del metro pasamos por delante de otro bar al que nunca habíamos entrado que tenía uno de esos árboles sintéticos en la puerta. Yo ni me paré a olisquearlo, ya sabía a qué olían y no era ése el tema que me interesaba. Cuando pasamos por su lado levanté allí mi patita para echar un chorrete. Mario se percató de la parada, solamente de la parada y fue indulgente conmigo pues pensaba que yo estaba haciendo pis en la acera. Puso ademán de espera resignada.

Cuando faltaban dos o tres segundos para el final de mi desahogo alguien abrió la puerta del bar y salió a la calle gritando algo que no comprendí. El corazón de mi amo se aceleró y noté su nerviosismo. Pegó un tirón de mi correa y pusimos nuestras seis patas en polvorosa.

Al rato, el nerviosismo de mi dueño se convirtió en risa. Aunque se iba aguantando, imagino que para que yo no me diera cuenta y no repitiera otro día la pifia, pero qué demonios, aquellos arboluchos de mentira necesitaban algo de alegría. El olor a metal y plástico es muy soso, no me gusta. Con todas esas guirnaldas, bolitas de colores, botas de plástico, estrellas plateadas y demás chorradas eso no parecía un árbol. Sin embargo, si le echábamos un buen chorrete de pis perruno aquello tendría más autenticidad. Y encima que uno si se empeña inocentemente a darle color y sabor a la fiesta el dueño va y se enfada. Pensé que si mi hazaña le había sentado mal aún le quedaría que aguantar alguna que otra, pues me temía que yo había abierto la veda y que otros perrunos, más temprano que tarde, al oler mi marca intentarían rebatirme y provocarme para que yo torne a imponer mi seña de identidad.

El dueño del bar, además, conocía a la madre y a toda la familia de mi amo, pues cuando nos alejábamos del sitio comenzó a gritar más alto y más claro cosas sobre ellos. Entonces sí que lo entendí.

Mario le contó mi peripecia a su amigo al poco tiempo de sentarse en la mesa del Mármol. Nicolás se lo relató a Luz, la camarera; decía que yo era un crack, un fiera, el puto amo, el *number one* y unas cuantas cosas más en aquel dialecto extraño que el amigo de mi dueño hablaba. Luz sonreía escuchando mi hazaña, pero en vez de mirar a Nico miraba tiernamente a Mario.

Cuando Nico hubo terminado su relato Luz se agachó y me hizo una prohibida caricia en la oreja derecha. Me relamí pero me quedé quieto, pues pensaba que mi cupo de trastadas ya estaba rebasado esa noche. Ni siquiera me levanté cuando más tarde Luz trajo las cervezas y los bocadillos a los chicos.

Con la misma mano que Luz me acarició, también lo hizo segundos más tarde la mano de Mario mientras le decía que su perro era un encanto y que era muy gracioso y que no le tuviera en cuenta lo del árbol de Navidad. Luz retuvo unos segundos, los que duró su conversación con Mario, la mano sobre la de mi amo; éste no respondió más que con un leve sonrojo, pero Nico, sin embargo, sí que lo hizo con un par de puntapiés por debajo de la mesa a mi dueño. Una vez retirada de la mesa y de la mano de Mario la camarera, los dos amigos fueron derivando la conversación hacia temas trascendentales para mi dueño.

Entre cerveza y más cerveza Mario le iba contando a Nico, una y otra vez, las fatales Navidades que llevaba: que el proyecto empresarial lo tenía estancado, que le habían denegado hacía un mes el crédito para su proyecto y que lo había dejado con su novia, que desde la comida en casa de los padres de Sandra sólo había hablado con ella a través de SMS y que los dos habían acordado darse un tiempo y patatín y patatán.

La conversación se repetía una y otra vez. Los dos amigos cada vez hablaban más difusos cuantas más cervezas tomaban.

–No te preocupes, Mario, no te preocupes –decía Nico una y otra vez arrastrando las sílabas–. Ahora en lo que te tienes que centrar es en buscar algún trabajo que te distraiga. Eres un tío con un currículum impresionante. Impresionante –remarcaba golpeando la mesa con la jarra–. Y de la... Y de la tía esa olvídate de momento. Y busca trabajo, trabajo que te distraiga la mente. Que lo del proyecto tarde o temprano lo harás. Y si no, te vienes conmigo a las cinco de la mañana a descargar camiones a Mercamadrid –decía Nicolás tronchándose de risa agarrado a su jarra como si ésta lo mantuviese en pie.

Mario sacó una tarjeta del bolsillo y se la dio a su amigo para que se la leyera.

–¿Vas a llamar a una psicóloga a las doce de la noche? –dijo Nico arqueando exageradamente las cejas.

–No, quiero que me la leas para apuntar su número en mi móvil.

–¿Le vas a pedir cita mañana?

–No, Nicolás, es una chica que conocí antes del verano en la *uni* y a la que no hace mucho volví a encontrarme. Solamente me interesa como amiga. La chica es muy maja.

Nicolás, tras oler la tarjeta y sonreír maliciosamente, dictó los datos a su amigo, y seguidamente le echó en cara repetidas veces que éste no le contara que había conocido a María meses atrás.

Horas más tarde, cuando ya no quedaban más clientes en el bar, Luz barría el suelo bajo la mirada de Nicolás, y éste describía todos y cada uno de los movimientos a Mario.

–A todo esto, Mario, ¿cómo lo vamos a hacer? Pronto van a cerrar el metro. Yo me tengo que ir, voy a dejar aquí el coche. Te podrías venir conmigo en el metro y yo seguiría hasta Vallecas, aunque no me fío de que te bajes solo en

Embajadores y que vayas hasta tu casa. Vas más fresco que yo, pero llevas ya algunas cervezas.

–No te preocupes, Nico, sabré llegar con la ayuda de Cross. Él no ha bebido.

–También te podría llevar Luz, más o menos la pilla de paso tu casa.

–Tranquilo, Nico, que puedo coger un taxi.

Luz, que en ese momento estaba recogiendo la mesa contigua y había escuchado la conversación pues Nicolás había elevado el tono, contestó que de taxi nada. Que ella, en cuanto terminase de recoger, echaría el cierre y se tomaría un refresco con Mario y luego lo llevaría adonde fuera menester. Nicolás, sin darle opción a su amigo, cogió su chupa de cuero y despidió a su colega con dos palmaditas en el hombro y un gracioso beso en la coronilla.

Pasé casi toda la noche en alerta, era la primera vez que dormía fuera de casa. La habitación estaba cargada con un fuerte olor que creo que salía de la boca de Mario. Éste se tiró toda la noche roncando, yo nunca le había escuchado roncar. Dormía vestido bajo las sábanas y la manta de la cama de Luz.

Se despertó sobresaltado como si no supiera dónde estaba y buscó su teléfono. Cuando lo encontró en la mesilla de noche éste le informó que eran las nueve de la mañana. Palpó la cama comprobando que estaba solo, y después pronunció con tono interrogante mi nombre. Yo me levanté y comencé a mover el rabo y a golpear con él en el armario. Atraída por el ruido, Luz abrió la puerta de la habitación. Ella estaba fresca, exuberante y olía genial. Las redondeces de su cuerpo se escondían sin mucho éxito bajo el camisón.

–¿Ya se han despertado mis chicos?

–Tengo un dolor de cabeza tremendo.

–No te preocupes, ahora te preparo un analgésico –dijo mientras se sentaba en la cama al lado de Mario.

Yo la había recibido obsequiándola con la bota de mi amo que portaba entre mis dientes. Ella me la quitó con suavidad y la dejó junto a la otra.

Mario movió instintivamente el brazo y tocó el muslo descubierto de Luz. Reaccionó retirando la mano y rascándose con disimulo la cabeza. Ella le contestó con una preciosa sonrisa que, aunque él no la viera, la intuía, y le acarició el pelo mientras le decía que le había preparado algo para desayunar.

A mí, como siempre, me tocó estar debajo de la mesa, pero me llegaba el olor a pan tostado, a café y leche. El café huele a hogar, pero sabe a rayos.

–Creo que estarán ya un poco frías las tostadas.

–Tranquila, Luz. Están buenas, no te preocupes. Al despertarme ni me acordaba de que estaba aquí –dijo Mario con voz pesada.

–Cuando íbamos de camino a tu casa, me dijiste que ibas demasiado... pedo. Y que no te apetecía que tu madre te viera así.

–Sí, lo recuerdo.

–Entonces sugeriste ir a tomar algo, un refresco supongo. Para hacer tiempo. Vinimos aquí a mi casa y te quedaste frito en el sofá. Te tuve que llevar casi a rastras a la cama. Si te hubieras despertado en el sofá hoy estarías hecho polvo.

–Verás, Luz, es que mis padres saben lo de Sandra y lo del préstamo.

–Me lo contaste anoche.

–¿Sí?

–Unas diez veces.

–Vaya. Estuve dándote bien la *barrila*, por lo que veo. Llevan todo este mes y el pasado preguntándome a cada rato si estoy bien. Y claro, no quiero que piensen que estoy mal. Ya sabes que yo apenas bebo.

–Todo se solucionará, Mario. Por cierto, le mandaste un SMS a tu madre diciéndole que no te esperasen.

–Sí. Me suena.

–En verdad se lo mandé yo desde tu móvil. No atinabas con las teclas.

–Uff.

–No pasa nada. Un día es un día. Y tranquilo, que estuve muy a gusto aunque te pusieras cansino.

–Y encima que me acoges en tu casa te toca dormir en tu sofá.

–¿Yo? Yo no he dormido en el sofá.

–Pues si en tu casa no hay más. No hay más sitios donde...

Cuando Mario agotó sus palabras terminó de contestar con su sonrojo.

–Bueno, me voy a dar una ducha. Si necesitas cualquier cosa, la pides. Como si estuvieras en tu casa.

El calor y su olor salían del cuarto de baño por la puerta que dejó entreabierta. Mario se quedó en el sofá sentado acariciando mi cogote, pensativo y con aspecto agotado. En ocasiones miraba hacia la puerta del cuarto de baño donde se duchaba su amiga; se escuchaba la música que las gotas de agua producían al chocar con su cuerpo y la mampara. También se oía un leve canturreo. Mario miraba como quien mira algo prohibido y anhelado.

Luz salió del baño envuelta en una toalla que sujetaba con gracia a la altura de su pecho. La humedad se le notaba en sus blancas piernas. Si yo hubiera estado más cerca las hubiera lamido, pues estaba muerto de sed. Mi amo, con todo el jaleo, no había caído en darme agua al levantarse.

Luz se vistió en la habitación, se veía parcialmente desde el salón. Se desenrolló la toalla que cubría su cuerpo dejándolo completamente al descubierto. Mario miró instintivamente y Luz se dio cuenta y sonrió en un principio, pero segundos más tarde se cubrió los pechos con las manos como si mi dueño pudiera verla.

Mario agachó la cabeza hacia mí y continuó acariciándome, mientras yo seguía impunemente observando los movimientos de Luz. Se dio una apetecible crema por todo el cuerpo que le daba un aspecto aún más fresco y húmedo. Esto me provocó algún que otro relamido.

Luz, tras vestirse, nos acompañó hasta la boca del metro, aunque yo seguía sin beber agua.

–Ya sabes dónde está mi casa, guapo. Los *findes* por la mañana libro casi todos. Si algún día te apetece hacerme una visita o que te acompañe al parque de El Retiro a llevar a Cross...

–Muchas gracias por todo, Luz.

Mi amo, tocándole uno de sus brazos, le dio un par de besos y se dio media vuelta para comenzar a bajar las escaleras del metro.

–¡Mario, espera! –gritó su amiga como si mi amo se olvidara algo. Y poniéndose de puntillas frente a él le besó suavemente los labios. Mario tardó en reaccionar y le correspondió torpemente. Después sonrió.

Bajamos definitivamente las escaleras perdiéndonos entre la gente, ante la atenta mirada de Luz.

Hubo una noche que marcó un antes y un después en el destino de nuestras vidas, y desde entonces vi a Mario con nuevas energías y todo comenzó a surgir mágicamente.

Fue una noche en la que se encontraba la familia al completo. En la tele salía un tío con una capa negra que hablaba muy deprisa acompañado por una mujer muy cursi que me recordaba a la madre de Sandra. Salía un reloj grande y muchísimas personas se agolpaban en aquel lugar. Era un sitio que yo conocía, pues yo había pasado por allí infinidad de veces con Mario, pero pese a que siempre había mucha gente jamás lo había visto tan abarrotado como aquel día aparecía por el televisor.

El reloj comenzó a dar campanadas, creo que fueron once o doce, y de repente la familia comenzó a hacer cosas muy raras: empezaron a comer fruta al unísono. Cada vez que sonaba una campanada en la tele se llevaban una uva a la boca.

Antonio se las metía de dos en dos y terminó antes de tiempo, aunque había empezado marcando bien el ritmo; por el contrario a María aún le quedaban dos uvas cuando su hijo y su marido habían terminado; y Mario llevó el ritmo más o menos bien. Después comenzaron a abrazarse y a besarse los tres como si no hubiera un mañana, y yo aproveché el despiste para trincar un dulce que había encima de la mesa y que tenía forma de pez. Ni se enteraron.

Tras el ritual de los besos se dirigieron a mí. Me daban palmaditas y caricias efusivas en el lomo y yo me puse la mar de contento a mover el rabo.

–Feliz año para ti también, amigo Cross –me decían.

Luego Mario fue a la cocina donde guardaba mis galletas de premio y me puso doce en el suelo. Ya no sonaban las campanas, pero aunque hubieran sonado me las habría zampado igualmente de un tirón. Tonterías las justas.

Fue desde el día siguiente cuando comenzaron a cambiar las cosas para Mario.

8
Ella

NUNCA ME HABÍA IMPORTADO MOJARME, todo lo contrario, la lluvia me gustaba. El agua en general me gusta, me resulta agradable. Lo único que me importaba de todo aquello es que yo notaba a Mario tenso y como más desorientado que de costumbre cada vez que llovía. Y por tanto, yo me contagiaba de esa tensión y quizá por ello ejercía peor mi trabajo.

Lo que más me gustaba era tirarme al agua; me daba igual si era una piscina, un río o un pantano. En ocasiones pude hacer alguna de estas cosas durante mi vida como perro guía, unas veces lo hice clandestinamente y otras con permiso de mi amo. Eso sí, lo que Mario nunca me permitió ni yo conseguí hacer fue darme un baño en el mar.

Cuando María nos vio entrar en la cafetería empapados se llevó la mano a la boca como asustada, como si no hubiese caído que nosotros también nos mojamos. A Mario le caía el pelo mojado por la frente, lo tenía pegado al rostro como si pelo y piel fuesen una pieza única. Yo soy como una esponja, a nada que llueva mi pelo fino y abundante absorbe más agua de lo normal, así que mi pelaje estaba despeinado y algo aplastado y me daba un aspecto escuálido, por lo que con esta facha no es de extrañar que la buena de María se sorprendiera.

–Venís empapados, Dios mío, Mario. ¿No usas paraguas?

–No puedo usar paraguas. Necesito la mano derecha libre para corregir a Cross si fuese preciso.

Como siempre yo tenía la culpa de todo, pensé.

–Ah, es verdad. No había caído en ello.

–Bueno, María, otra vez nos vemos y otra vez llueve y llueve. Me gusta la lluvia pero cuando estoy a resguardo. Me gusta oírla a través de los cristales, pero caminar por la calle lloviendo me estresa, uno va como con más prisa. Los sonidos son distintos y todo el mundo va con paraguas, y eso es un peligro para mí.

–Claro, te comprendo. Te pueden meter una varilla en el ojo y hacerte mucho daño. Además tú, con lo alto que eres, tienes las de perder –dijo María tocando levemente el brazo de Mario.

–Sí, tengo las de perder. Además, aparte de que me podría hacer daño un paraguazo en el ojo, un golpe de ese tipo podría dejarme ciego.

A María se le iluminó el rostro y todo su cuerpo era una sonrisa de admiración hacia mi amo. Lo cogió de la mano y le mostró dónde estaba la silla. Mientras Mario se quitaba el abrigo yo aproveché para sacudirme por última vez, ya que luego una vez tumbado bajo la mesa no podría hacerlo.

Me posicioné de tal manera que podía ver la calle y a la gente pasar. Así tendría algo con lo que amenizar la tarde.

–Bueno, ¿y qué tal habéis comenzado el año, chicos?

–Bien, bien. Si básicamente te lo he contado todo por teléfono.

Todo o casi todo, pensé yo, granuja...

–¿Y tú?

–Yo comienzo todos los años igual. Estas fiestas las paso en familia. Ya te conté que no soy de mucho salir por la noche ni de trasnochar. Pues eso, la familia y quedar con alguna amiga a tomar café o algún aperitivo por la Cava Baja.

–La Cava Baja me encanta. Yo suelo ir a veces con mi amigo Nicolás.

–¿El macarrilla ese del que me hablaste? –dijo María entre risas.

–El mismo. Prácticamente no tengo otro amigo. Algún conocido de cuando iba a la facultad y poco más. Bueno, ahora tengo una amiga más –María sonrió al oírlos–, porque Sandra, mi novia, ya no es mi novia. Ahora es mi amiga.

A María se le borró la sonrisa del rostro.

–Pero desde que lo dejamos –continuó– solamente hemos hablado por teléfono y exclusivamente para contarnos cómo nos van las cosas. Cambiemos de tema, la Cava Baja sí que me gusta, pero desde que tengo a Cross no he vuelto. Tengo miedo de que lo pisen cuando hay mucha gente o que lo quemen con un cigarro.

–Ahora tienes una amiga más con la que puedes ir allí o donde te apetezca.

–Dos, tengo dos amigas más –interrumpió mi amo señalando a María con el dedo.

–Cuento con ello, guapo.

Mario buscó con la mano el sobre de azúcar para echarla al café, y mientras lo sacudía con gesto ritualista le inquirió a su amiga qué era aquello que quería proponerle.

–Dime. Me tienes muy intrigado. Sobre todo por el hecho de que no me lo querías contar por teléfono.

–Bueno. Es que te quería hacer sufrir un poquito –dijo ella riéndose a la vez que le daba un golpe en el brazo–. Verás, Mario, quiero proponerte un negocio.

Mi amo levantó una ceja al escuchar la última palabra.

–Te he citado en esta cafetería, pues, como ya sabes, mi despacho está muy cerca de aquí. Está al principio de la calle Atocha, y quiero que subas a verlo conmigo.

–¿Me vas a ofrecer formar parte de tu equipo? Yo no soy psicólogo.

–Calla, tonto, y no me interrumpas. Verás. Ese despacho es muy grande. En verdad son dos despachos y una sala de espera. Mi padre es arquitecto y está jubilado. El piso es suyo, era su antiguo estudio. Yo no pago ni alquiler ni hipoteca, solamente pago los gastos que produce el gabinete. Desde que me instalé allí llevo pensando en la posibilidad de alquilar el otro despacho. No lo he anunciado en ningún sitio, aunque alguna vez ha venido gente a verlo. Gente que trae otra gente, ya me entiendes. Por un lado lo quiero alquilar pues no me gusta estar allí sola, pero por otro lado la verdad es que no necesito alquilarlo, económicamente no me hace falta. La consulta va medianamente bien, con la ventaja, además, que te he comentado; el piso está pagado. Lo dicho Mario, que si no lo alquilo siempre estoy dándole vueltas a la cabeza y pensando que no quiero estar allí sola, pero cuando pienso en alquilarlo me como la cabeza igualmente, pensando que puede ser peor el remedio que la enfermedad. Imagina que lo alquilo a alguien que me da problemas. No hablo solamente de que no cumpla con sus obligaciones sino que fuera una persona que montara jaleo o que no se llevara bien conmigo. Bueno: iré al grano, Mario.

A ti te hace falta un local, un despacho para tu proyecto y yo tengo un despacho que me sobra. ¿Qué me dices?

Mario respiró profundamente y se pasó la mano de un lado a otro por el rostro antes de contestar.

–Verás, María. Ya te conté que me han denegado el crédito. Además, aunque esto no fuera así, mi proyecto en un principio era modesto y yo no podría pagar, con crédito o sin él, un despacho en la calle Atocha.

–Mario, quizá no he sido suficientemente explícita. Verás. Te estoy pidiendo un favor, y es que montes tu empresa en mi despacho para que yo no esté sola. No tendrías que pagar nada. ¿Qué me dices?

Mario guardó un largo silencio antes de contestar.

–Estoy abrumado, la verdad. Lo que me estás ofreciendo es mucho y no sé si me sentiría bien estando gratis en tu despacho, un despacho en plena calle Atocha. Es muy fuerte.

–Bueno, gratis no, te he dicho que me harías un favor. Yo no necesito alquilarlo pero sí tener allí a alguien. Además tendría también a mi amigo Cross, seguro que él está de acuerdo.

Yo moví mi cola al escuchar esto, pues María se había asomado debajo de la mesa para decirlo.

–Es más, si quieres sentirte mejor, cuando la empresa comience a caminar y produzca beneficios podemos compartir gastos: luz, teléfono, impuestos municipales. ¿Qué me dices?

Mario sonrió ampliamente mientras exhalaba por la nariz.

–Eso es un sí, ¿verdad?

–Es posible, pero aún tendría que valorar muchas cosas, pues no sé si lo único que hizo inviable mi proyecto fue la falta de crédito. Además, luego hay otros gastos aparte del local.

–Pero quizás un crédito más pequeño sí te lo darían... ¡Venga, vamos a subir a ver nuestro despacho! –exclamó María mientras buscaba unas llaves en el bolso.

Ella era dulce, ella era amable, ella no era ni falsa ni cursi. El lugar de trabajo de María era como ella, desprendía un olor natural y suave, y la decoración era muy relajante: poquitos muebles, poquitas plantas, poquitos cuadros.

En unos meses Mario acondicionó aquel lugar a su gusto. Dividió en dos el espacio que su amiga le había cedido, y en una de las estancias puso un escritorio con un ordenador y todo tipo de aparatos. En el otro extremo de esta habitación había numerosos montones de papeles que iban creciendo o disminuyendo según los días. Había incluso un rinconcito para mí, con una manta que yo casi no utilizaba y un cacharro para el agua.

Mario no me dejaba ni arrimarme a los montones de papeles por si trituraba alguno. Más tarde incluso se curó en salud y dividió esta estancia con un murete más alto que yo. Esta antesala la utilizaba Mario solamente para recibir a sus clientes y firmar contratos. Allí no había manta ni cacharro para el agua ni papeles que morder. Tan sólo mordía, si venía al caso, el zapato de algún señor o señora si me caían simpáticos.

Con el tiempo fui cogiendo más confianza con el lugar, y luego ya fue como un segundo hogar. Pasábamos allí toda la mañana, después íbamos a casa a comer y por la tarde regresábamos. A Mario se lo veía ilusionado.

De vez en cuando trabajábamos fuera. Íbamos por despachos buscando clientes. A alguno de estos clientes se les mudaba el rostro o se quedaban perplejos cuando veían que mi amo era ciego. Alguno llegó a decir que si se trataba de alguna broma, y otros le preguntaban que cómo escaneaba los documentos si no veía. Otros comentaban la suerte que tenía Mario al haberle contratado una empresa como comercial y se quedaban alucinados cuando Mario les decía que no era ningún contratado, que era él quien hacía todo el trabajo y quien transformaba sin ayuda ninguna de nadie todos los documentos.

Sin embargo, pronto la empresa se hizo muy conocida y ya no había que ir a buscar clientes, eran ellos quienes venían a nuestro despacho. Mario los atendía durante el día y luego se dedicaba al tratamiento de los documentos, en ocasiones, casi hasta la madrugada. Unos clientes traían a otros. Incluso vino alguno de esos que otrora en el pasado se quedaron perplejos y poco menos que nos habían echado de su despacho.

Con el tiempo Mario tuvo que contratar a dos empleados. Uno de ellas era Milagros, una chica que iba en silla de ruedas y que manejaba el escáner y el ordenador muy bien. Ella y otro chico que era sordo y que se llamaba Juan María se quedaron con la habitación del ordenador y los papeles, así que mi manta y mi cacharro del agua pasaron al despacho de Mario.

Mi amo apenas tenía ya que escanear, se limitaba a coger el teléfono, que cada vez sonaba más, y a atender a los clientes que venían.

Más tarde entró a formar parte de la plantilla Nicolás. Dejó de cargar y descargar fruta en Mercamadrid, aparcó en el armario su eterna chupa de cuero de animal muerto y se vestía con traje de tela. Él casi nunca estaba en el despacho, se dedicaba a visitar a los clientes y a traer documentos que tratar.

Para entonces, la rutina volvió a nuestras vidas, ya teníamos de nuevo un horario todos los días. De vez en cuando íbamos a casa de Luz, la camarera del Mármol Blanco. Acostumbrábamos a ir por la noche, ellos se metían en una habitación y a mí me dejaban atado en otra que había contigua. Solían hablar poco y se escuchaban ruidos de cosas que se movían y algún chillido ligero, pero no debían de estar peleándose pues salían sonrientes de la habitación. La relación de Luz con Mario no era como con Sandra, ella nunca fue a comer con los padres de mi amo ni apenas quedaban para ir a ningún sitio. Y pasado el tiempo estas visitas desaparecieron.

En el despacho de Mario se estaba fenomenal. En verano, cuando en la calle hacía calor, allí se estaba muy fresco, y en invierno, cuando hacía frío, allí se estaba bien calentito. Yo aprovechaba las horas en que Mario trabajaba con su ordenador o atendía a algún cliente para echar largos sueños.

El momento más feliz del día era cuando terminábamos la jornada e íbamos al despacho de María. En ocasiones era ella quien terminaba la consulta antes y se pasaba a vernos. Solía venir incluso durante el día cuando hacía algún descanso o cuando no tenía pacientes. Le pedía a Mario que me quitase el arnés para jugar conmigo y yo me ponía muy contento. Alguna vez incluso ella me llevaba a su consulta y allí jugábamos o me tumbaba en el suelo y me dejaba acariciar la barriga. Y cuando dejaba de hacerlo yo le daba con la zarpa en la pierna para llamar su atención.

María siempre me miraba con ternura, pero cuando hacía alguna trastada o le mostraba mi amor hacia ella lamiendo su mano o dándole mi patita esa mirada era sublime.

En ocasiones le traía a Mario documentos para que los tratara, y a veces nos íbamos por ahí los tres a comer o a cenar. Bueno, yo iba con ellos, aunque yo siempre comía del saco de pienso que guardaba en el despacho. Después de que comieran a veces nos íbamos a un parque muy grande en el cual me soltaban para que yo jugara con otros perros mientras ellos se quedaban charlando sentados en un banco. Luego Mario me cepillaba y nos marchábamos nuevamente al despacho. Un día María me cepilló, lo hacía con mucha suavidad y cariño, y yo la miraba a los ojos y me contagiaba de su ternura, pero no era al único que ella miraba con ternura.

En el parque había una circunferencia de goma puesta entre dos pósteres metálicos para que los perros saltáramos cruzando por su interior. Cuando descubrió este artefacto absurdo Mario se empeñó en que yo traspasara el círculo. A mí aquello no me motivaba, me hice el tonto y mi amo me posicionó frente al cacharro y yo lo miraba indiferente. Mario daba palmadas fuertes a la goma para indicarme por dónde tenía que saltar, y yo lo miraba a él, o miraba a otros perros o a otras personas cercanas. No le hacía ni caso, y para motivarme se le ocurrió esperarme al otro lado con una galleta. Yo, haciendo gala de mi pragmatismo, rodeé por fuera la cosa aquella y trinqué mi galleta. Mario y María se quedaron estupefactos.

Un buen día María entró en nuestro despacho con un papel doblado en cuatro partes. Quería aparentar serenidad pero yo notaba su pulso acelerado. Su energía acelerada.

–Te traigo un documento para escanear –dijo con la voz algo temblorosa–, pero es algo muy confidencial. Quiero que seas tú quien lo haga. No puede verlo ni Juanma ni Milagros.

–Está bien, dámelo. Lo haré cuando tenga un hueco.

Mario extendió ambas manos esperando un taco de papel. Cuando María le puso la hoja encima de las manos, casi se le cae al suelo. Mario arqueó una ceja y palpó incrédulo su presa.

–¿Es solamente una hoja? Qué expediente más breve tiene este paciente. Bueno, en cualquier caso, señora psicóloga, disculpe mi intromisión. Ya sabe que el lema de nuestra empresa es: «Seriedad, solvencia y discreción». Ahora mismo se lo escaneo.

–¡No, señor documentalista! –profirió María siguiendo el tono socarrón de Mario–, espere a que yo me marche. Por favor.

A Mario la ceja ya le llegaba hasta el cogote. María salió del despacho, se dio media vuelta y antes de cerrar la puerta, me miró y, sonriendo, me guiñó un ojo.

Mario levantó ansioso la tapa del escáner e introdujo el documento.

Mientras sonaba el motorcillo del aparato comenzó a morderse las uñas. Estaba algo sonrojado y sudoroso. Una vez listo el texto comenzó a leer, y decía así: «Querido amigo Mario».

Cuando mi amo escuchó estas palabras de la voz de su ordenador, miró a todos lados y, abriendo un cajón, sacó unos cascos. Enseguida los empapó, y ya sudaba hasta por las orejas. Tardó poco tiempo en leer el resto del texto y su sonrojo se convirtió en palidez. Respiró hondo varias veces y se secó el sudor con un pañuelo de papel. Se quitó los cascos y los dejó encima de la mesa, y después volvió a respirar profundamente reclinándose hacia atrás. Se reclinó tanto que el sillón se quejó con un chirriante sonido. Estuvo varios minutos en esta posición. Tenía una sonrisa extraordinaria y los ojos le chisporroteaban.

Mario no estaba sentado en el sillón. Allí permanecía un cuerpo hueco desprovisto de alma, su alma flotaba Dios sabe dónde.

Pasado un buen rato, Mario miró su escáner. Levantando la tapa cogió el folio que ella le había entregado y tras olerlo y doblarlo cuidadosamente se levantó y lo guardó en su chaqueta.

Se sentó de nuevo, algo más tranquilo. Comprobó la hora en su ordenador, descolgó el teléfono que tenía encima de la mesa y marcó un número.

–Buenas noches: ¿es ahí la consulta de la psicóloga María José Alcaraz? Ya sé que llamo fuera de hora, pero quería saber si podría darme una cita. A ser posible para ahora mismo. Muy bien, muy amable. En veinte segundos estaré en su consulta, muchas gracias.

9
Diez años con Mario

EN UNOS MESES NOS FUIMOS A VIVIR a casa de María José, que fue como Mario comenzó a llamar desde entonces a la psicóloga María.

El negocio de Mario iba en aumento.

Tiempo más tarde llegó un bebé. Un magnífico, suave y oloroso bebé al que llamaban Toni. Poseía un olor dulce pero punzante que a mí me encantaba. Al nacer Toni me sentía genial, tenía un bebé para mí, y yo me adjudiqué la misión de protegerlo, no permitía que nadie se acercara a él.

Por ejemplo, si íbamos por la calle y se paraban a hablar con alguien y ese alguien se acercaba al pequeño Toni, yo lloriqueaba. Si esa persona insistía, yo me ponía delante, pero si seguía insistiendo, entonces sacaba mi infalible gruñido. Esto a Mario no le gustaba mucho, le hacía quedar mal con la gente, pero yo sé que en el fondo se sentía muy orgulloso de mí por proteger a su hijo, pero Toni no siempre olía a leche ácida y galleta. A veces el olor cambiaba radicalmente, pues los bebés se lo hacen todo encima, más tarde, cuando crecen, les enseñan a hacerlo en la dichosa taza esa. ¡Manda hocicos, qué especie más rara la de estos humanoides! A mí me han tenido que enseñar a hacer muchas cosas, pero a comer y cagar, como que no.

Toni fue creciendo y dejando de ser un bebé para ser un niño. Según crecía le iba cambiando el olor. Lo primero que aprendió a decir fue mi nombre, pero no me decía Cross. Decía: «Cos, Cos...», «Cos, *men* aquí conmigo, Cos, *men* a jugar, Cos...».

Esto me gustaba mucho, y cuando lo hacía me ponía muy contento. A él lo trataba de forma totalmente distinta al resto y a su vez también lo hacía conmigo. Cuando jugábamos nunca lo mordía, ni tan siquiera flojo, como hacía con Mario, Nicolás o María José; a él solamente lo olía y lo chupaba. Sí reconozco que algún juguete le rompí, no pude resistir la tentación. Cuando creció y tuvo su propia habitación llena de muñecos y peluches aquello se convirtió para mí en el paraíso celestial. Si se dejaban la puerta abierta me colaba a pillar algo y salía corriendo, pero siempre me aguaban la fiesta.

Me gustaba mucho cuando íbamos todos al campo. Si no había peligro de que me pudiera atropellar un coche por mi mala cabeza Mario me soltaba la correa, y el pequeño Toni me gritaba.

–¡Cos, Cos, Cos, *men.* A ver si te vas a pelear con un lobo o algo!

Pero no se atrevía a jugar conmigo cuando yo estaba tan asilvestrado. Recuerdo un día en el que fuimos a hacer una ruta campestre muy larga y complicada. Íbamos María José, Mario, Nico y yo, aunque el pequeño no venía. Mario iba con el brazo derecho cogido a María José y con la mano izquierda me llevaba a mí de la correa.

El camino era pedregoso e inestable, y a cada momento Mario se escurría. Yo iba meditando, estaba entrando en un estado profundo de tranquilidad activa, no tenía que ocuparme más que de caminar y caminar, era Mario quien me dirigía ahora a mí. Los olores de las hierbas, de los árboles, de las piedras y el ruido incesante de los pajarillos y de algunos insectos formaban una melodía anárquica. Estaba en un verdadero estado de trance.

–¿Por qué no lo sueltas, Mario? –dijo Nico volviéndose delante de Mario mientras andaba como los cangrejos.

–No lo sé, me da miedo. El río no debe de estar lejos y ten por seguro que si lo encuentra, se mete. Y se lo puede llevar la corriente.

–Pero tú tranquilo. Estamos Nicolás y yo para eso. Tienes que aprender a relajarte con el tema de Cross, que nosotros lo vigilamos bien –dijo María José, con tono fatigado.

El sonido del mosquetón de mi correa desabrochándose me sacó de la meditación. Ya no sentía la música natural y salvaje de los animalillos del campo, ahora la vivía. Eché a correr a la carrera y yo era ya uno más de aquel lugar infinito e inagotable que es la Naturaleza, un instrumento más en esa melodía. El ruido de mi trote, de mi jadeo y de algún ladrido de alegría incontenible se fusionó con la orquesta salvaje.

Pronto comencé a marcar por doquier árboles y arbustos, a revolcarme por todos los matojos que pillaba en mi camino... todo era mío. Yo pertenecía a todo aquello, me sentía libre y magníficamente primitivo.

Cómo me hubiera gustado en aquel momento pertenecer a una gran manada, una formidable y numerosa manada perruna de veinte o cincuenta o quizá cientos de perros corriendo al unísono libres y unidos en la causa de la Naturaleza. Unidos en la causa de vivir, en la dicha de trotar los caminos sin más rumbo ni destino.

Llegó un momento en el cual yo no sabía dónde estaba, oía pero no escuchaba las voces de mi amo. Tampoco las de Nicolás ni las de María José. Sabía que por allí había agua y la encontré. No era mucha, un hilillo de agua mojaba la tierra y la convertía en barro, pero era suficiente para echar unos tragos y mojar mi panza peluda. Era verano y aquello se agradecía.

Ya puestos, me revolqué por el barro mojado. Todo me daba igual, todo era goce. Las voces cada vez se oían más cerca, pero yo no iba a parar por ello.

–¡Dios mío, Mario. Se ha metido en el río! –exclamó Nicolás entre carcajadas.

–Pues a mí no me hace gracia, Nico. ¿Cubre mucho? ¿Hay corriente? –preguntó Mario con voz temblorosa.

–Qué va, tío. Si es un hilillo de agua. Este año hay mucha sequía, pero está todo lleno de barro. Mario, si lo vieras te morirías.

–Dios mío, así no puede subir Cross al coche –dijo María José.

–Tomad la correa y sacadlo, *porfa*.

Nicolás me sacó de allí con las fuerzas que le sobraban de su exagerada risa, e hice el resto del camino atado. Antes de llegar al pueblo donde dejamos el coche Mario me metió en una especie de balsa de agua que estaba súper fría, y allí me estuvo quitando toda suerte de pinchos y todo el barro que pudo.

–Madre mía, Cross, cómo te has puesto. Nos van a echar del pueblo por tu culpa como nos pillen bañándote en el lavadero municipal. No sé cuándo vas a sentar la cabeza, que ya tienes seis años, grandullón.

Así fue como terminó mi aventura salvaje. Me había sentido bien, fenomenalmente bien.

Al día siguiente me desperté extraño, como si estuviera tullido. Pensé en un principio que era el cansancio de la jornada campestre, y en buena parte sí lo era. Cuando Mario vino a ponerme el arnés no me podía poner en pie; él se reía y lo atribuía a mi cansancio.

–Vamos, vaguete, que eres un vaguete. Que ayer bien que correteabas por el campo.

Me incorporé, pero notaba como miles, millones o todas las agujas del mundo se clavaban en mis pezuñas. Sin poder soportar el dolor me tiré en plancha al suelo.

–¡Cross! Dios mío, qué te ocurre, mi niño. ¡Cross, Cross, Cross!

No podía ni ponerme en pie. María José vino corriendo desde la habitación al oír los gritos de Mario.

–¿Qué le ocurre?

–No sé, está muy raro. Está muy triste y no se puede poner de pie, no sé si le habrá picado algún bicho o algo. Está rarísimo, María José. Vamos urgentemente al veterinario –dijo Mario con la voz quebrada.

María José cogió una de mis patitas y miró atenta las almohadillas de mis pezuñas.

–Santo Dios, Mario, tiene destrozadas las almohadillas de las patas, están en carne viva. No me extraña que no se pueda ni mover. Así no te lo puedes llevar a ninguna parte. Ahora mismo llevamos a Toni al colegio y nos vamos al veterinario a que nos diga qué hay que hacer, pero él que se quede.

Mi amo, el pequeño Toni y María José se marcharon, y yo me quedé allí tumbado, inmóvil. El pequeño me miró antes de cruzar la puerta con su pequeña mochila al hombro y volcó en mí una mirada triste, como si pensara que no fuera a verme más.

«Pequeño, marcha tranquilo al colegio. Yo aquí te estaré esperando para darte un buen lametón cuando vuelvas.»

Me quedé triste, muy triste. Apenas podía levantarme para beber agua, pero no me arrepentía de nada, lo único que me dolía más que las pezuñas era el alma. Me sentía inútil, como un trapo, una alfombra que decoraba la casa. Allí estaba tirado y muerto de sed, sin atreverme a hacer nada.

Al rato llegó Mario de la calle con una bolsa en la mano, y de su interior sacó una pomada y me la aplicó, olía muy suave. Era tal el dolor que tenía que, cuando cogió una pezuña para ponerme la pomada, le mordí la mano por instinto. Así que me puso un bozal y continuó con las curas.

Estuve unos días de baja sin poder guiar a Mario por la calle, por lo que éste tuvo que coger un palo blanco que había por casa. Tengo que reconocer que cogí celos al maldito palo de las narices; éste era enjuto, firme, fuerte y no tenía las almohadillas rotas.

Me sentía viejo, inútil e inservible, y mientras yo pasaba toda la mañana solo. A la hora de la comida llegaban Mario, María José y Toni. Bueno, y el palo, el maldito palo.

Me tenían que poner la comida cerca, yo apenas podía caminar. Mi misión, mi deber, mi tarea vital que era servir a mi amo, no la estaba cumpliendo, y estuve con aquella sensación de tristeza e incertidumbre unos diez días que se me hicieron infinitos.

Allí quedaba yo inutilizado, sin servir para nada, no me sentía nada bien. Además, cuando mi amo regresaba, no tenía la fuerza suficiente ni para recibirlo con alegría, era él quien se tenía que acercar a mí para acariciarme. Y así fueron pasando los días entre tinieblas.

Con el paso de los días, poco a poco las almohadillas se fueron regenerando y endureciendo, y ya me podía levantar solo a comer y a beber tragos de agua fresca. Pasito a pasito iba al jardín con Mario para hacer mis cositas, aunque los primeros días me tenían que llevar en brazos con la ayuda de un vecino, pero los días fatales, en los que ni para defecar servía, ya habían pasado. Estaba deseando que me pusieran el arnés de nuevo y volver a ganarme las galletas de premio.

Hubo otra ocasión en la cual estuve herido, pero para mí fue bastante menos dramática; me había clavado algo en la patita delantera derecha y me sacaron aquello con unas pinzas, fue ese humanoide que me pinchaba de vez en cuando con una jeringa. Después, Mario me echaba un líquido que escocía mucho en la herida, pero yo seguía trabajando todos los días. Terminé tan harto del escozor provocado por el maldito líquido curativo que tomé una determinación.

–Venga, Cross, trae la patita que te cure, pequeñajo mío, que ya quedan poquitos días y la herida la vas teniendo más seca y cicatrizada –me decía Mario dulcemente. Yo lo obedecí, sí, lo obedecí, y le di la patita como él pidió.

–Vaya, hoy parece que no te escuece. Qué bien, Cross.

Evidentemente, no me escocía nada de nada. Mario me roció la herida con el puñetero líquido ese y yo esta vez estaba muy tranquilo, no hizo falta ni que me pusiera el bozal.

–Pero... pero... un momento, Cross. Serás... serás canalla.

Me has dado la pata izquierda –y por un momento casi lo engañé.

Pese a todo, yo no era demasiado quejicoso. Cuando me llevaban a ver al tipo de las agujas yo apenas protestaba, merecía la pena un pinchacito de nada si luego te daban una golosina.

El olor de ese sitio me gustaba, olía por todas partes a perro y a comida perruna. Yo me entretenía olisqueando mientras me pinchaban en el lomo. De todos modos, odiaba estar malo.

Ganduleando en casa la verdad es que se estaba fenomenal, pero solamente cuando no estaba lesionado. En esos momentos me comparaba con los perrunos-mascota, ésos a los que les dan todo hecho y que no pegan un palo al agua. Esos que viven estando, en vez de vivir viviendo, pero sinceramente no me hubiera cambiado jamás por otro perro por muy buena vidorra que se pegara. Yo era muy feliz con mi trabajo.

Peor lo pasan esos otros perros que no son ni guías ni mascotas, me refiero a esos que se ven por las calles o carreteras plagados de pulgas o sarna. Esos perros son víctimas de humanoides sin corazón, y algunos tratan a mis hermanos de especie como si fueran muñecos. Muñecos que hoy se compran y mañana aburren. Algunos de estos perrunos tienen suerte y encuentran a otros seres de dos patas con corazón, con buen corazón. Los rescatan, los llevan a su casa, los curan, los alimentan y permiten que pasen el resto de sus días, meses y años en casa junto a su dueño.

Siempre me he sentido orgulloso de haber sido un perro guía. Además, afortunado. Los otros perros sin oficio no han viajado como lo hice yo; en trenes, aviones, barcos... No han visitado restaurantes, consultas médicas, cines, museos... Aunque esto último es un peñazo, una vez estuvimos en uno, lleno de estatuas de ésas, y me pasé toda la mañana con ganas de echarle a cada una de ellas un buen chorrete inaugural.

Iban pasando los años, iban ocurriendo cosas, íbamos Mario y yo corriendo miles de aventuras como Sancho y Don Quijote, aquellos dos de los que Mario me había hablado pero que nunca llegué a conocer.

Me iba costando cada vez más levantar la panza del suelo o de la colchoneta para irme a trabajar, mis huesos cada día pesaban más, y andaba más torpe, con menos reflejos. Temía no poder realizar mi trabajo en condiciones y poder herir a Mario.

Le hice alguna que otra pifia, pero éstas eran diferentes a las que le hacía de joven. Aquellas eran divertidas, y aunque Mario se enfadara yo sabía que por dentro se reía, pero con mis equivocaciones seniles Mario se ponía triste. Y yo también.

10

Una historia terminable

–¿TE HA GUSTADO EL VINO, Mario?

–Está fabuloso.

–Es de una bodega de Arganda.

–Ah, ¿son clientes nuestros?

–Sí, es esa bodega. Por cierto, me están preparando toda la documentación del tatarabuelo, los documentos de cuándo y cómo se fundó la bodega.

–Interesante, Nico, pero hoy no me hables de trabajo, ¿vale?

–Ok, jefe.

–No seas socarrón, capullo, y échame otra copita.

–Eso, eso, bebe, que ya estás hecho un hombre. Ya tienes la edad de Cristo.

–Joer, otro con lo de la edad de Cristo, menudo día llevo. Si lo llego a saber paso de los treinta y dos a los treinta y cuatro directamente. Y por cierto, Nicolás, no hables muy alto que a ti te quedan días.

–Sí, de los que estamos aquí en la mesa soy el más joven. Bueno, quitando a Cross, que tiene aún doce añitos. Y muy bien llevados, ¿verdad, peludo?

Vi cómo la cara de Nico asomaba por debajo de la mesa. Yo estaba durmiendo, no sé ni lo que me dijo. No sabía ni me acordaba de dónde estaba, y enseguida me di cuenta de que estaba en casa y que habían venido a comer los padres de Mario, y también Nicolás.

–Bueno, Nico, cambiemos de tema –escuché que decía María José–, que Mario querrá abrir ya el regalo.

–¿Tengo un regalo y todo? ¡Si bastante es teneros aquí a vosotros!

–Bueno, papá, si no quieres el regalo me lo quedo yo, ¿vale?

Al escuchar la voz de Toni, me desperté del todo y me asomé por encima de la mesa. El mantel se me quedó enganchado en el collar y me cubría la parte superior de la cabeza, dejando solamente a la vista mis ojos y el hocico. Todos rieron y retiraron rápidamente del borde de la mesa un pastel con una pinta estupenda. ¿Serán desconfiados? ¡Si yo no tenía intención de hincarle el diente!

–Uy, qué cajita tan pequeña. A que lo adivino sin abrirlo: colonia.

–No, papá, es un smartphone.

–Todos rieron ante la metedura de pata del pequeño.

–¿Y eso qué es, Toni? Ya sabes más que yo.

–Pues como un teléfono pero más chuli y sólo tiene un botón. Fui yo a comprarlo con mamá y la abuela.

–Bastante ha aguantado, que lo hemos tenido callado tres días al pobre –dijo María, la madre de Mario.

–¿Tiene batería?

«Desbloquear. Son las 16:42. Abrir cámara.»

–¡Vaya! Me gusta más esta voz que la de mi viejo cacharro. ¿Y cómo lo manejo si sólo tiene un botón?

–Ayer te estuve descargando unos vídeos explicativos de Internet, luego te los enseño, es muy fácil. Tienes que pasar los dedos por la pantalla; cada gesto tiene una función, y cada función un gesto. Para ir empezando pasa un dedo de una parte de la pantalla a otra.

–Así que anoche estabas descargándome vídeos y me dijiste que estabas terminando un informe de un paciente. Me la pegas con queso cuando quieres –le contestó Mario a su mujer entre risas, mientras ella con una mano cogía la de Mario y con la otra sostenía el cacharro ese.

«Desbloquear. Abrir cámara. Teléfono. E-mail. Música. Pulse doble clic para abrir.»

Así se tiró mi amo toda la tarde, toda la noche y casi toda la semana siguiente. Cuando se marcharon sus padres y su amigo no les hizo ni caso, estaba venga a pasar el dedo de un lado a otro de la pantalla del cacharro sacándole palabras nuevas.

«Ajustes. Game center. Modo avión desactivado. WiFi. Datos móviles.»

Hasta que llegaba un momento que se desesperaba y consultaba cosas en el ordenador o llamaba a María José en busca de auxilio. O le preguntaba a Toni.

–¿Hijo mío, qué sale aquí en la pantalla?

El pobre crío debería de estar ya hasta las narices del cacharro y de su padre. Seguro que se arrepentía de haber ido con la abuela a comprarlo. Incluso cuando íbamos caminando por la calle.

«Facebook. Pulse dos veces para abrir. Dos nuevas notificaciones. Nicolás García Requena ha colgado dos fotos nuevas en el álbum de fotos (día en La Pedriza). Pulse dos veces para ver.»

A punto de chocarnos estuvimos más de una vez. Bueno, vale, lo reconozco. Le choqué a posta tres veces, pero ni por ésas dejaba el tema.

Más te vale, Mario, que no dejes la cosa esa a mi alcance, que de dos bocados me lo cargo. Y como lo pille por el suelo le echo una meada que no vuelve a hablar en su puñetera vida, pensaba yo, cuando escuchaba la metálica voz. Que ya sólo faltaba eso, que junto a mi pérdida de reflejos, de visión y de oído se juntara que el tío este fuera todo el día distraído con ese bicho.

Yo intentaba poner todo lo que estaba de mi parte, incluso iba más atento que cuando era joven. Ya no cogía tantos papeles del suelo ni me paraba casi con amigos perrunos a jugar, lo único que sí que seguía haciendo era trincar trozos de pan, o lo que hubiese, cuando alguien los dejaba por el suelo.

Cuando peor lo pasaba era cuando íbamos a algún sitio nuevo, cuando Mario buscaba una calle por la cual nunca habíamos pasado o cuando aparecía algún objeto inesperado. O peor aún, si de repente aparecían unas escaleras de bajada.

Un día casi tiro a Mario, no vi las escaleras hasta no tener debajo de mi hocico el primer peldaño. Arrastré a Mario, y él patinó hasta abajo del todo pero sin caerse. Todo mi cuerpo se estremeció de miedo por él, por si le pasaba algo. Prefería mil y una veces que si algo hubiera de pasar me pasara a mí antes que a él.

Pero no todo era padecer, claro que no. Ni tan siquiera por entonces. Seguíamos yendo asiduamente al parque aquel donde había a su vez otro parque dentro del parque y este último exclusivo para perrunos. Bueno, exclusivo exclusivo no, pues también dejaban pasar a los dueños.

Solíamos ir alguna tarde después de comer, principalmente cuando María José y Mario comían fuera. Cuando más íbamos era en esos días en los que Mario no trabajaba, esos dos días de la semana son un tanto raros por muchas cosas. Cuando salíamos Mario y yo al jardín del barrio por la noche solíamos ver sobre todo gente joven que cantaba o que chillaba mucho, y algunos vomitaban y se tambaleaban. Debía de ser por alguna cosa rara, quizá los tambaleos eran un baile de moda, pero lo del vómito nunca lo entendí. Yo vomitaba cuando me hinchaba a comer hierba del jardín, pero nunca vi a ninguno de esos jovenzuelos comiendo hierba. Son todo un misterio estos humanoides.

A mí me encantaba ir al parque grande. Subíamos por una cuesta muy larga y había unos señores que vestían todos igual y se paseaban a caballo por allí. Había otros de raza negra (pues entre los humanoides al igual que los perrunos también los hay de distintos colores), que tenían mantas en el suelo con objetos encima. Éstos solían salir corriendo cuando veían a los del caballo, debe de ser que estos animales les daban miedo o algo así, o quizás eran los que iban montados los que los asustaban. No creo... ¿por qué va a huir un hombre de otro hombre? Sería absurdo.

Allí seguía aquel artefacto de la rueda, aquél diseñado para que los perrunos salten por dentro y hagan acrobacias. Menudos cachondos estos humanoides, que salten ellos si quieren.

–Estás muy pensativo, Mario.

–No, debe de ser el calor que hace hoy, y que me aplatana. ¿No hay otro banco en el parque con más sombra?

–Están ocupados, los domingos a estas horas ya sabes que viene mucha gente. Tampoco hace tanto calor.

Se hizo un eterno silencio entre los dos.

–Bueno, la verdad es que sí que estaba dándole vueltas a la cabeza. Ya sabes...

–Sí, lo sé, pero tienes que ser fuerte, Mario. Tienes que tomar tú la decisión. Sabes que a mí me tienes y que yo opino que la opción de que se quede con nosotros es la que más me gusta. Y la que menos perjudicaría a nuestro hijo, y a ti, claro.

–Ya, pero cuando me den el otro va a ser mucho jaleo. Luego él estaría solo en casa casi todo el día. Él está acostumbrado a tener tanta actividad laboral como tú y yo. Dejarlo solo en casa creo que le deprimiría. Y antes de verlo infeliz...

–Qué me quieres decir con eso, Mario.

–Pues que prefiero que no esté con nosotros.

Yo estaba olisqueando el cacharrito de la rueda, que para acrobacias no se usaba mucho, pero para mear bastante. Había una mezcolanza de identidades tremenda. Mi amo y su mujer estaban hablando sentados en un banco al que le estaba comenzando a dar el sol. Estaban muy serios, pero no estaban discutiendo, pues María José tenía a Mario cogido de la mano.

Yo no quise acercarme por allí pues estaba muy feliz y tranquilo olisqueando perfumes identitarios. Mientras, el pequeño Toni andaba por allí correteando entre los perrunos como si de otro de nuestra especie se tratara. La mirada de su madre siempre lo escoltaba, y cuando otro perruno se acercaba a él, me interponía. Seguía protegiéndole igual que cuando iba en el carrito.

Me ponía de vez en cuando a dar vueltas a su alrededor, marcando un perímetro de seguridad. Esto también se lo hacía a mi amo, pero desde que llegó al mundo Toni esta misión me correspondía hacérsela a él, y es que mi amo ya era mayorcito para cuidarse solo.

Toni era un inconsciente a la hora de jugar con uno u otro perruno. Era yo quien tenía que estar atento y percibir cuáles eran agresivos y cuáles no. En resumidas cuentas: ya no solamente era perro guía sino que además estaba pluriempleado como niñero. Y cada vez más viejo y cada vez más trabajo.

Cuidar al pequeño Toni en aquel sitio no me importaba en absoluto, pues al mismo tiempo podía corretear con algún perruno. También olisquear pises o morder algún palo. Esto no le gustaba mucho a Mario, pues cada vez que lo hacía me regañaba. El tío menudo oído tenía. Era capaz de escuchar un mordisco a un palo tierno desde una distancia asombrosa.

La verdad sea dicha, no es que me entusiasmara el sabor de los palos. Lo solía hacer para llamar la atención de Mario, a ver si se estiraba y me daba alguna galleta. Toni cada vez que me veía morder un palo también me regañaba o se chivaba a sus padres. Aquella tarde no me acordé de los palos, había buen rollo entre los perrunos y estuve corriendo con dos o tres hasta fatigarme.

Finalmente busqué una sombra desde la cual pudiera divisar a María José y a Mario, y por supuesto a Toni, que se sentó en un banco cercano a mi posición.

Allí estaba yo mirando a uno y otro lado continuamente. Tenía un jadeo rápido y rítmico, a boca bien abierta y la lengua casi me llegaba al suelo.

Observaba cómo los otros perrunos se olisqueaban los unos a los otros los traseros, cómo corrían dándose empujones o montándose unos encima de otros también, o cómo alguno, al igual que yo, optaba ya por rendirse y pasar unos minutos a la sombra esperando la hora de marcharse a casa. O esperando un estímulo que nos ayudara a levantarnos, como si tuviéramos un resorte.

Aquel estímulo podía ser perfectamente una galleta o un poco de agua. O la visión de alguien conocido y querido, alguien que no estuviese allí en ese momento. Alguien que sea capaz de provocarte esa punzada en el corazón que haga que tu cuerpo se levante de un solo movimiento rápido del suelo, que haga que los jadeos se interrumpan de inmediato. Ese alguien podría ser un humanoide o bien un perruno.

Observé a través de la valla del recinto cómo se acercaba una pastora alemana de tamaño considerable, demasiado oscura para tratarse de esta raza, con las patas color fuego y un caminar elegante. Cogida a la correa de la perra iba una chica morena de proporciones redondeadas, que llevaba un vestido veraniego y su caminar también era elegante y fresco. Apenas me había fijado en la humanoide.

Gruñeron las bisagras de la puerta del recinto, chocaron los hierros al cerrarse tras ellas la puerta y me di cuenta de que el rostro de la humanoide me era más que conocido.

Como si no hubiera un mañana me levanté y sin pensar que podría asustar a la perruna me lancé con mis dos patas delanteras a la barriga de Luz. Para entonces ya me estaba recibiendo con una amplísima sonrisa y gritaba alegremente mi nombre. Menos mal que la perruna brindaba tanta bondad como tamaño y se limitó a mover el rabo y a olisquear mi trasero.

Luz me presentó a su amiga y yo hice lo que se hace en esas ocasiones: con mucha educación le olisqueé el trasero también.

Luego la soltó y estuvimos echándonos por ahí unas carreras.

–Hola, Mario. Buenas tardes.

–¿Luz?

–Sí. ¿Te puedo dar dos besos?

–Claro que sí. Mira, mira, te presento a María José. Es mi pareja. ¿Qué haces por aquí? Qué alegría verte tras tantos años. ¿Nos viste desde fuera y decidiste pasar?

–No, Mario, no. Ahora yo también tengo perro, mejor dicho, perra. Es una pastora alemana, y ahora mismo lo está pasando de miedo con Cross. Sigue igual de guapo que siempre. ¡Cuántos años han pasado!

–Sí, Luz. Unos pocos años. Verás, María José, ella es una vieja amiga de Nico y de mí. Trabajaba en el bar al que solíamos ir y que por la crisis cerraron.

–Sí, maldita crisis. Me habías hablado del bar y de Luz también.

–Era por si no lo recordabas.

–Bueno, Luz, cuéntame, cuéntanos cómo va tu vida. Y qué bien eso de que tengas perro y todo.

–Pues mi vida transcurre con cierta normalidad. Trabajo como cajera en un súper a media jornada. Es lo que hay. También hago algún curso de vez en cuando en mi tiempo libre. Y poco más. Ah, y doy largos paseos con Madrid.

–Querrás decir por Madrid.

–No, no, Madrid es como se llama mi perra.

–¡Anda, qué original!

Tras jugar unos minutos con mi nueva amiga, fui a saludar y a darles el parte de mi felicidad a los tres humanoides. Éstos hablaban entre risas, y la que menos reía era María José. No sé por qué.

El pequeño Toni seguía sentado en otro banco con las piernas colgando y canturreando mientras las balanceaba.

Lo primero que hice fue olisquear el bolso de Luz por si llevaba galletas perrunas, pero no hubo suerte. Después seguí oliendo sus desnudas piernas. Su olor no había cambiado nada, lo recordaba perfectamente. Ya fatigado me tumbé entre los seis pies de ellos.

–Madrid. Es un nombre precioso para una perra –dijo María José con timidez.

–¿Te has fijado en aquel niño que está cantando en ese banco de ahí?

–Sí, Mario, me he fijado en él y lo sé todo.

–¿Sabías que había sido padre?

–No, Mariete, no, lo he sabido nada más verlo. Y también que María José era tu pareja. El niño es idéntico a los dos. ¿Cómo se llama?

–Le pusimos Antonio. Como el padre de María José y como mi padre.

–Mario, cariño. Nos tenemos que ir, que Toni estará ya cansadito –dijo María José casi entre dientes.

Cuando llegamos a la casa Mario permitió que Toni me cepillara. Era la primera vez que lo hacía. Las pequeñas y torpes manos del niño iban pasando el cepillo por mi lomo con estudiado cuidado, pero de vez en cuando se le caía al suelo y me lo volvía a pasar con más cuidado aún. Tanto cuidado que apenas notaba el alambre en la piel, aunque su manera de acariciarme era muy especial. Me gustaba. Lo hacía con sentimiento y naturalidad, pero lo de cepillar perrunos no era lo suyo.

Me había dejado igual de polvoriento y tan lleno de hierbajos como había venido del parque.

Toni era el único de la casa y del entorno que se libraba de cierto aire melancólico que desde hacía un tiempo se respiraba. Yo lo notaba en las miradas, tanto las que se dirigían a mí como las que se dirigían entre ellos. Percibía una energía extraña, e ignoraban que yo percibía aquello.

Cuando el pequeño terminó de cepillarme se quedó un ratito acariciando mi lomo y mi cabeza. También, para qué negarlo, tirándome de vez en cuando de las orejas. Le hacían gracia. Las mías eran grandes y peludas, colgaban y estaban suaves. Las suyas, al igual que las de todos los humanoides, eran feas de narices. Y mira que las narices ya eran feas de por sí.

Sus orejas son tiesas como un palo, son de carne y no son nada suaves. Se les ve el agujero y todo. Son tan feas, tan feas, que se las adornan con cosas de metal. Esta frustración que tienen los humanoides con las orejas la pagan con nosotros, con alguno de nosotros, pues a algunos perrunos los humanoides les cortan las orejas. ¡Y luego dicen que los salvajes somos nosotros! Algunos humanoides están sin domesticar.

Toni me cogía las orejas con sus manecitas torpes y las estrujaba. Yo, de vez en cuando, le chupaba una mano. Si me ponía patas arriba, Toni frotaba mi panza y me abrazaba. También le gustaba tocarme el hocico para hacerme estornudar. Esto le hacía mucha gracia. A mí no tanta.

Me estaba quedando casi dormido con tanto sobeteo. Me desperté sobresaltado al sonar el teléfono de Mario.

«Un ítem nuevo. WhatsApp.

Nico: Oye, Mario. He hablado con Sandra y dice que quiere hablar contigo.

Contestar. Campo de texto, edición en curso. ¿Sandra? ¿Mi ex? ¿Nuestra vieja amiga?

Nico: Sí, la misma.

Contestar. Edición en curso. ¿Y por qué no habla conmigo directamente?

Nico: Dice que perdió tu teléfono.

Contestar. Edición en curso. Ya, claro, lo perdió. Dale mi número y así saldremos de dudas. A ver qué narices quiere.

Nico: OK.»

–Vamos, hijo. Levántate ya del suelo y deja a Cross, que lo vas a desgastar. ¿Por qué no vas a tu habitación un rato, que la dejaste esta mañana sin ordenar? Y recoge los cepillos o dáselos a papá, no los vaya a pisar y se haga pupa.

María José entró en el salón tras salir de la ducha. Su aparición fue silenciosa; llevaba unas mullidas zapatillas de estar por casa. El albornoz y la crema corporal le daban un aspecto esponjoso. Nadie se había percatado de su presencia hasta que habló. Yo sí. Su olor cremoso llegó antes que ella.

Estaba empeñada en que Toni se marchara a la habitación, y al final el pequeño lo hizo lloriqueando. Quería que yo me fuera con él, y me estiraba del collar e incluso del rabo. Yo estaba demasiado cansado. Y casi que, por una vez, no me apetecía ir con Toni a aquella habitación tan interesante, llena de muñecos que morder y de olores que disfrutar.

Allí siempre se podía encontrar un delicioso calcetín usado que llevarse a la boca y con el cual salir corriendo, para ver quién era el valiente que me lo quitara.

–¿Qué tal, Mario? Menudo día llevas, parece que el pasado te persigue hoy.

–¿Has escuchado los mensajes? ¿Se oyen desde el baño?

–No del todo, pero se intuyen. Además, no hay más que ver tu cara.

–No me hables en ese tonillo, María José. Yo no tengo la culpa de que hoy se produjeran estos encuentros.

–Yo no te he hablado en ningún tono raro. Me he limitado a decir que menudo día llevas. Por cierto. Es muy guapa la chica del parque.

–No más que tú.

–Ya, eso espero. Al menos que así sea para ti. Y respecto de lo de Sandra, tienes toda mi confianza. Puedes hablar con ella cuando quieras.

–No sé... No tengo ningún interés en hablar con esa persona, la verdad. Si acaso por curiosidad. Ahora no tengo yo la cabeza para más complicaciones. Bastante tengo con lo de... con lo de... con lo de Cross. ¿Está aquí? ¿O se ha marchado con Toni?

–No, Mario, está al lado del otro sofá. Tumbado en el suelo. Medio dormido. Está muy cansado hoy.

–Normal. Será por el parque.

Días más tarde fuimos dando un paseo hasta la casa de Nico. Por allí íbamos de vez en cuando mi amo y yo; Toni y María José no solían venir. Cuando nos acercábamos no subíamos la mayoría de las veces. Era Nico el que bajaba y luego nos íbamos los tres a un bar. Aquello me recordaba a los viejos tiempos. Los tiempos del Mármol Blanco.

Aquel bar al que íbamos en el barrio de Nico olía más a fritanga que el Mármol. No solía haber música, la gente chillaba mucho, pero tenía sus ventajas. Por el suelo solía haber pringosas servilletas de papel que me servían como aperitivo la mayoría de las veces; algún trozo de pan, huesecillos de pollo, aceitunas o cáscaras de lo que fuera, pero esta vez sí que subimos.

Pasamos al portal. Olisqueé un felpudo de goma y seguí el rastro hasta llegar al ascensor. Había muchos, pero que muchos olores mezclados; los de los humanoides que bajan y suben; todos los que por allí pasaron ese día, pero había uno muy dulzón, que estaba muy reciente. Me olía a pasado.

Cuando salimos del ascensor y nos dirigimos a la puerta de entrada del piso aquel olor se acentuó aún más.

Nos abrió la puerta una chica rubia con el pelo corto, quien era la portadora de aquel olor. De inmediato me puse a olfatear sus piernas y ella me llamó por mi nombre. Yo no la conocía de nada, pensé, pero su voz también me sonaba a pasado.

–Parece que Cross no termina de conocerme, Mario.

–Sandra, ¿qué tal?

Mi amo y la chica se sentaron en el mismo sofá. Ella no le soltaba el brazo a Mario, y Nico se sentó enfrente de ambos en un sillón.

Mario me soltó y me quitó el arnés, y yo comencé a dar vueltas por el salón hasta que me cansé y me tumbé a los pies de Nico, a ver si se le escapaba alguna caricia.

–Si la vieras, Mario. Está totalmente cambiada. Se ha cortado el pelo y se lo ha teñido de rubio, pero sigue igual de guapa. Y tú, Sandra, cómo... ¿cómo ves a Mario? El tío se conserva, ¿eh?

–Sí, está igual que cuando tenía veintitantos. Igual de guapo. No, yo creo que aún lo está más. Madurar le ha sentado bien.

–Bueno, Sandra, verás. A mí me alegra mucho verte de nuevo. Me alegra que estemos los tres juntos como en los viejos tiempos, aunque cada uno llevamos ahora nuestras vidas. Yo con Nico trabajo y sigue siendo mi amigo. No quiero ser descortés contigo y mucho menos brusco, pero quisiera que me aclararas si esta reunión, perdón, este encuentro tiene algún fin o simplemente era para encontrarnos de nuevo y saber un poco de nosotros. No te quiero decir con esto que me parezca mal, pero yo ahora tengo una familia y la verdad es que, aunque mi compañera está informada de este encuentro, algo me dice que no está muy a gusto con que se produzca. Por tanto, quisiera que me explicaras si existe algún porqué, si quieres que nos juntemos otra vez los tres como colegas o qué es lo que quieres. Yo personalmente pienso, y me duele pensarlo, que eso no podría tener mucha continuidad. Al menos por mi parte.

–Mario, te estás pasando, déjala que sea ella quien se explique. No anticipes acontecimientos y disfruta del momento. Yo comprendo que la situación para vosotros dos es distinta que para mí, pues yo soy amigo de los dos. Tú eres mi amigo y mi jefe, y con Sandra perdí mucho contacto desde que lo dejasteis, pero sabes que alguna vez nos hemos visto, pero no jodas el momento. Deja que las cosas surjan –se explicó Nico abroncando con amabilidad a su amigo.

–Nico, déjalo. Quizá Mario tenga parte de razón. Será bueno que te diga para qué te he hecho venir. No he venido aquí a hablar de ti y de mí, Mario. Ni tan siquiera de la amistad de nosotros tres. Comprendo el malestar de tu pareja. Yo también tengo ahora pareja, pero a diferencia de ti yo no le he contado que estoy aquí. A lo que vengo es a hablar de Cross.

Escuché mi nombre entre sueños y pegué un pequeño respingo que hizo sonar las medallitas de mi collar. Fue entonces cuando recordé y me di cuenta de quién era aquella chica. Muy cambiada, más mayor, también más estirada, pero igual de cursi que siempre. Preferí no darme por enterado y volví a agachar el hocico y continuar con mi sueño.

–¿Vienes a hablar de mi perro, Sandra? ¿Qué ocurre con él? No lo entiendo.

–Mario, puesto que me has pedido claridad, seré clara y concisa. Nico me lo ha contado todo. Verás, yo ahora vivo con mi pareja. Vivimos en un chalet en Valdemoro. Si tú quieres, nosotros, que en este momento no tenemos perro, nos podemos quedar con Cross. Así podrías ir a verlo cuando quieras. No tardarías nada. Tú vives cerca de Atocha y hay muchos trenes a Valdemoro. Incluso tu pareja te podría llevar.

–Claro, y de paso hacemos un picnic los seis. El nuevo perro que me concedan, Cross y nosotros cuatro. No, Sandra. No lo voy a dejar con nadie.

–Por Dios, Mario, no seas orgulloso.

–¿Orgulloso? ¿Orgulloso yo?

–Mario, lo que dice Sandra no te perjudica en nada. Y lleva razón, lo tendrías cerca.

–Nico, Sandra, vamos a tranquilizarnos. En primer lugar, al margen de orgullos y satisfacciones, yo no tengo pensado dejarlo con nadie. Cuando tu marido, o tu pareja y tú, os marchéis a trabajar, él se quedará solo. No está acostumbrado a estarlo, es un perro guía, no es una mascota. Tiene costumbre de sentirse útil, costumbre de trabajar, costumbre de servir, de sacrificarse. Pasa veinticuatro horas al día los siete días de la semana conmigo, y yo con él. No puedo hacerlo, Sandra, no os lo puedo dejar. Perdona si he sido borde con lo del picnic. De verdad que es digna de agradecer tu propuesta, pero no, no puedo hacerlo y lo siento. Lo siento mucho. Además de por esos motivos, imagínate el panorama: tu pareja, la mía, los dos «ex» viéndose cada cierto tiempo. Gracias, Sandra, pero es inviable. Totalmente inviable.

Los tres interlocutores estaban hablando tan flojo que a mí cada vez me daba más sueño. Yo notaba cierta tensión en el ambiente. El ruido de la puerta minutos más tarde me despertó. No fue un ruido ni brusco ni violento, pero era tal la ausencia de sonidos estridentes en aquel espacio que cualquier otro ruido destacaba.

–Bueno, Mario, yo he cumplido con mi misión. A mí la propuesta de Sandra no me parece descabellada pero respeto tu decisión. Te noto un poco descolocado, amigo, no te esperabas que ella quisiera verte para esto, ¿verdad?

–No, Nico, no. No me lo esperaba. Y ahora tengo un lío en la cabeza tremendo. Es tal la mezcla de sentimientos, de sensaciones que van y vienen, la cantidad de dudas y preguntas... Me cuestiono si esta chica me propone esto para redimir su culpa, pero qué coño culpa si no hay nada que redimir, pero sé que se siente muy culpable por no haber estado a la altura de las circunstancias en su momento. Fíjate, hace tres minutos que se ha marchado y ya me ha dado tiempo a pensar todo esto. Además, durante unos segundos es ésa la sensación, el sentimiento, y segundos más tarde pienso que lo hace de buena fe porque es buena gente. Aunque intentar redimir una culpa no significa ser mala ni buena gente, ya no sé ni lo que pienso ni mucho menos lo que digo. Por cierto, ¿tú conoces a su novio?

–No personalmente. Sé que es un abogado que trabaja con su padre, me enseñó un día una foto. Un pincelín estirado y con pinta de engreído. No sé, Mario... es tu decisión, haz lo que quieras. ¿Le vas a contar esto a María José?

–Claro.

Me levanté y poniéndome a cuatro patas me estiré para desperezarme. Nico me estaba mirando tiernamente y le contó mi gesto a Mario, el cual puso una sonrisa melancólica y triste. Me acerqué a una mesa bajita que había entre el sillón donde estaba Nico y el sofá donde ya sólo quedaba Mario, y allí había tres tazas de café vacías pero que aún seguían oliendo. El café huele a hogar pero sabe a rayos.

Una de ellas tenía en el borde pequeñas manchas rojas. Saqué mi lengua para ver a qué sabía aquello; amargo, menos mal que era poca la cantidad. El ruido que formé al tambalear con mi lengua la taza provocó que Mario saliera de aquel extraño letargo en el que se encontraba, cogió mi collar fuertemente y me obligó a sentarme. Lo hizo con fuerza y contundencia, pero con cariño.

Seguidamente los dos amigos comenzaron a acariciarme.

–¿Y Toni? ¿Hasta dónde sabe de todo esto? ¿Habéis hablado con él? –preguntó Nico.

–No sabe nada de nada, y creo que ni tan siquiera lo intuye. No nos atrevemos a decírselo. Como total, lo va a tener que saber, se lo diremos ya cuando... cuando... Ya me entiendes.

–Yo no soy padre, pero te entiendo. Y en general, dime, aunque esto sea una pregunta absurda, ¿cómo está tu ánimo, Mario?

–Pues verás, estoy mejor de lo que os podéis pensar, pero lo llevo a ratos. Esto es algo que está asumido desde el principio. Reconozco que me cuesta mucho hablar del tema. Hablarlo es vivirlo. No quiero pensar, solamente quiero actuar en consecuencia.

–Pues quizá, Mario, deberías aprovechar que tu chica es psicóloga y que te recomiende a algún compañero. Eso te ayudaría a soltar eso que llevas dentro, eso que con tus amigos y familiares no te atreves a expresar. Supongo que María José, como profesional, te habrá comentado algo al respecto.

–Sí, pero ella lo que me ha recomendado es que escriba. Que escriba una especie de diario de emociones o un relato de ficción paralelo. Una historia en la cual ponga mi situación en personajes totalmente distintos, a mí y a mi entorno. Dice que esto me serviría para desahogarme y descargar emociones ante el papel; ante el ordenador, en mi caso.

–Ah, eso del relato me parece una idea genial, Mario. Y además lo podrías publicar. Tenemos varias editoriales que te aprecian mucho entre nuestros clientes.

–Sí, es una idea magnífica, pero pienso que si lo llegara a hacer no lo publicaría. Sería poner al descubierto mis sentimientos más profundos, jamás lo haría.

–Se me ocurre una opción, Mario. En vez de escribir un relato cuyo narrador fuera una persona en tu misma situación, ¿por qué no lo haces poniendo al perro guía como narrador en primera persona?

–¿Un perro narrador?

Mario soltó una tremenda carcajada que de nuevo me sacó de mi entreverado sueño.

–¿Quién se va a creer una historia así, Nico? Por Dios bendito... ¿un perro va a narrar mi vida? ¿Hablaría de ti?, ¿de mis padres?, ¿de mi hijo?, ¿de María José y todo mi entorno? ¿Cómo va a contar un perro todo eso? ¡Si ellos no nos entienden, coño!

–Entonces, Mario, si piensas que no nos entienden, ¿por qué cuando hablamos de esto delante de Cross bajas el tono de voz y no nombras abiertamente la cuestión? Además, según me has dicho, no tienes que contar tu historia: crea una historia totalmente distinta, unos personajes totalmente diferentes. Lo que importa es lo que digas, que sueltes lo que sientes. Que lo compartas contigo mismo. No lo publiques si no quieres.

–Uff. No sé. La idea desde luego es buena, pero no podría garantizaros que vaya a hacerlo. Soy economista y la imaginación literaria no es lo mío. Dame alguna idea, Nico.

–Bueno, tú serás economista pero yo soy un descargafrutas metido a comercial gracias a su amigo el cual creó y previamente imaginó una creciente y exitosa empresa. Imaginar y crear, claro que es lo tuyo. No obstante, te regalaré un par de ideas. Podrías contar la historia de un deportista ciego que tiene un gran afán de superación y que lucha por eliminar barreras a través del deporte; puedes llamarlo Juan o Pepe o Luis, como más te guste. No tienes por qué ponerle tu nombre ni tiene que parecerse a ti en lo más mínimo. O la historia de un sindicalista y político ciego que lucha por transformar la sociedad en otra más justa; puedes llamarlo Emilio, por ejemplo, o Alfredo o Ramón o Alberto o Ricardo. Como más te guste.

–Bueno, Nico. Un deportista ciego, vale... ¡pero un sindicalista que pretende hacer la revolución social de las ciegas y ciegos! Me parece excesivo. Un personaje así no puede existir. Además, si existiera menudo peñazo de tío, siempre hablando de la justicia social, la igualdad y todo eso. Ya sabes que yo soy apolítico. Me gusta más la historia del deportista que la del Emilio ese de las narices.

–Pues yo el único deporte que te he visto hacer es levantamiento de jarra en el desaparecido Mármol Blanco. Bueno, y ahora en el *grasabar* de Paco.

–Hablando del Mármol Blanco... ¿a que no sabes a quién vimos el otro día en el pipican del parque de El Retiro?

Nos marchamos a casa en uno de esos coches que conduce siempre una persona generosa. Todos son blancos y llevan una raya roja pintada, te llevan a casa o adonde quieras sin conocerte de nada.

–Vaya perro chulo tienes, amigo. ¿Es un golden retriever? Qué grande que es el *jodío*, y qué cara de bueno tiene. Ahora, que luego me va a tocar cepillar bien el coche. Mi cuñado tiene uno igual pero más clarito y pequeño. Es bombero, y vive muy bien; trabaja pocos días a la semana. Ahora, que quien mejor viven son los políticos, ¿verdad, amigo? Esos sí que viven bien. El uno que decía que no había crisis; el otro que si ya se ve la luz del túnel, y luego mira, ni luz, ni brotes verdes, ni leches; a las seis de la mañana a arrancar el taxi como Dios manda, nosotros a currar de sol a sol. Hablando de sol, menuda tarde perra nos espera: hoy tormenta de verano seguro. Si vieras el cielo, está más negro que el sobaco de un grillo, hijo mío. Bueno, ya no me acuerdo de lo que te estaba contando. Ah sí, mi cuñado el bombero, el que tiene un perro.

Al bajarme del coche noté olor a humedad. También sentí una sensación extraña por todo el cuerpo, intuía algo malo. Aquella energía la conocía de otras ocasiones, la percibía antes incluso de que llegara a desatarse todo aquello. Algo flotaba en el ambiente que me daba miedo.

Subimos a casa y allí estaba María José con Toni. Yo ya iba tan asustado que ni me paré a jugar con el pequeño. Mario me preparó la comida en mi cacharro y se fue al salón a hablar con ella. Yo comí con buen apetito como siempre, pero no estaba a gusto, sabía que tarde o temprano empezaría todo. Tras haber comido se escuchó el primer estruendo, automáticamente metí el rabo entre las piernas y el cuerpo por completo me empezó a vibrar incontroladamente.

Era el ruido, el asfixiante olor a humedad, el bochorno, aquella energía maléfica. Aquellos destellos brutales que se veían a través de las ventanas. Disparos implacables de luz y de sonidos que atravesaban cualquier cosa que se pusiera en su camino. Todo era terrible.

Busqué un sitio para ponerme a salvo, e intenté en vano subirme a una silla. Era tal lo que mi cuerpo tiritaba que no tenía fuerzas ya para hacerlo. Además, yo no cabía en el asiento de aquella silla.

Me fui al cuarto de baño y me subí a la taza que los humanoides usan para sus cosas, pero la superficie era resbaladiza, y mi cuerpo, tembloroso. Conseguí subir, pero el temblor me hacía patinar. Finalmente, con mucho esfuerzo, conseguí poner mis patitas delanteras dentro del lavabo, que se encontraba al lado de la taza. Así, haciendo una especie de puente, logré sostenerme unos instantes.

Me encontraba medianamente seguro pero estaba agarrotado, paralizado por el miedo. De repente se encendió la luz del cuarto de baño y vi la cara de María José con una expresión que mezclaba candor, asombro y dulzura.

–¡Mario, ven a ver esto!

Al poco tiempo vino él, tocó mi tembloroso cuerpo y me acarició el cogote diciéndome muchas palabras en un tono cálido y muy cariñoso. A continuación me cogió en brazos y me bajó de allí, me dio una galleta de las mías, pero el temblor de mi mandíbula me impidió que pudiera disfrutar como es debido de ese manjar.

Mientras tanto, los estruendos continuaban. La lluvia

golpeaba las ventanas con violencia y el asfixiante olor a humedad seguía. Todo el ambiente continuaba envuelto y totalizado por aquella malévola energía.

Aquél desde luego no era mi día. Menos mal que la tarde fue más calmada, salió el sol y nos fuimos dando un paseo a casa de los padres de mi amo.

11

Si tú me dices ten

SEGUÍA OLIENDO A HUMEDAD, pero era una humedad distinta. Ésta emanaba del suelo, la otra cubría el ambiente. Ahora hacía un sol radiante que evaporaba el agua que aún cubría la tierra, la hierba y el asfalto. Del pavimento subía un calor húmedo y vaporoso que llegaba hasta mi hocico.

No iba guiando en esta ocasión, iba sujeto por la correa. Me llevaba Mario, e iba agarrado del brazo de su mujer. Al otro lado lo acompañaba de la mano de su madre el pequeño Toni, con lo cual caminábamos los cuatro en paralelo. En algunas calles más estrechas Mario se soltaba de su mujer y me cogía del asa del arnés para que lo guiara, así que en las aceras anchas íbamos invadiendo la casi totalidad de la superficie. Mucha gente nos miraba.

Aprovechando los momentos en los cuales yo no tenía que guiar iba oliendo con curiosidad todo aquello que llamaba mi atención. Trozos de plástico, papel o cartones mojados, porque cada uno tenía un olor diferente. Si me daba tiempo los marcaba con un chorrete de pis y me quedaba tan campante; luego, si a la vuelta pasábamos por allí, jugaría a localizar aquellos cartones, plásticos o papeles que yo había rubricado. Era un juego muy divertido y placentero.

Me gustaba volver a la casa de los padres de Mario, aquello me traía recuerdos de cuando yo era más joven. Tras saludar a los padres de mi amo fuimos a nuestra antigua habitación. Allí seguía oliendo igual que siempre, aunque estaba más vacía, eso sí. Muchas de las cosas que allí tuvimos ahora se encontraban en la casa de Mario. Después me quitó el arnés y me soltó.

Enseguida me revolqué por el suelo para impregnar con mi aroma toda la estancia, y también froté mi hocico por todo el lateral de la cama. Olí todo lo que pude, estaba como extasiado con tanto recuerdo olfativo. Era tal mi alegría cada vez que volvíamos allí que me daban ganas de hacer un copioso pis que dejara mi huella durante muchos días, pero yo sabía que aquello no estaría bien y que después vendría una tremenda bronca.

Tras haber terminado mi ritual de frotamientos, revuelques y olisqueos salí escopeteado hacia el salón a ver qué había por allí de nuevo. Allá estaban casi todos los humanoides de la familia charlando sentados y con el rostro serio, gesto que cambiaron cuando me vieron entrar en tropel por la puerta.

Me fijé en que el único que faltaba era Toni, e inmediatamente di media vuelta para buscarlo. Lo encontré sentado en la cocina con la boca manchada de leche, asomé el hocico por encima de la mesa y allí olía de maravilla a leche con galletas. Lloriqueé un poco y olfateé exageradamente. Toni me acariciaba el cogote con la mano que las galletas le dejaban libre.

Yo me relamía y puse mi cara de pena. Mi estudiada y medidísima cara de pena.

–Toma, Cross, sólo una, pero no se lo cuentes a papá, que luego nos regaña.

Toni me dio una galleta dulce que sabía a gloria. Tras comérmela en cuestión de segundos olisqueé su mano, que continuaba oliendo a galleta, a leche y a niño. Seguidamente miré hacia la puerta por si nos pillaban, pero no fue así, aquello sería un secreto entre nosotros.

Nosotros nos entendíamos bien, éramos diferentes a los humanoides grandes. Los humanoides pequeños piensan igual que los perrunos, nos movemos por otros valores. Si algo nos duele o nos preocupa al segundo siguiente desaparece, si algo nos contenta, lo vivimos y lo manifestamos hasta la saciedad, no nos andamos con tonterías.

–Me han dicho que venga a merendar aquí, Cross. Están los mayores hablando en el salón. ¿Sabes? La abuela tiene aquí una televisión, voy a buscar el mando y vemos los dibujos, pero primero voy a recoger esto.

Toni, inocentemente, me dejó custodiando las galletas mientras él llevaba un vaso al fregadero.

Metí el hocico en la caja y sustraje cuatro o cinco de un solo lengüetazo. Se armó algo de ruido pues le di un golpe con las patitas delanteras a un taburete, que cayó al suelo. Toni se asustó y me regañó cuando me vio masticando más galletas, pero me reñía en voz baja para que nuestro secreto permaneciera intacto.

Escuché desde el salón la voz de Mario que preguntaba algo a su hijo.

–No pasa nada, papá, estoy bien. Cross, estate quieto que nos van a pillar. No comas más galletas, anda. Las voy a recoger y vemos los dibujos.

Toni se sentó en una silla de la cocina y yo me tumbé a sus pies. Comenzó a acariciarme y, en cuestión de minutos, los dos estábamos durmiendo. Al cabo de un rato me desperté pero él seguía dormidito. Olisqueé su mano, que colgaba del brazo del sillón, y seguía oliendo a galleta, a leche y a niño. No le di un lametón para no despertarlo, y me fui sigilosamente al salón con los humanoides grandes.

Allí seguían los rostros serios, pero de nuevo éstos se volvieron a sonrientes con mi presencia. La energía también cambió, y creo que cambiaron hasta de tema de conversación. Me senté de modo instintivo a los pies de María, la madre de Mario.

–¿Ves, Mario? Cross está muy a gusto conmigo. Estaría bien con nosotros. Ya nos conoce y nos quiere como si fuéramos sus abuelos, ¿Verdad, Antonio?

El padre de Mario me llamó chascando los dedos de un modo un poco soso y desganado, pero yo me acerqué efusivamente moviendo el rabo. Le di un chupetón en la mano y todos rieron. Con aquellas risas colectivas de mi manada me vi autorizado para hacer alguna pequeña trastada.

Trinqué un cojín cuadrado y blandito, y se lo puse en las rodillas al padre de Mario. Todos aumentaron aún más la risa. Todos menos Mario, que cuando María José le describió la escena me aguó la fiesta haciéndome soltar mi presa. Hice lo propio a los pies del padre de mi amo, y Antonio me estuvo acariciando hasta que comencé a notar la pesadez de mis párpados y me fui sumergiendo poco a poco en mis sueños.

–Míralo. Parece que entiende lo que hablamos.

–Claro que lo entiende, ellos intuyen todo, hijo. Mira qué bien está ahí con papá.

–Pero mamá, lo que te decía antes. Ya te he contado que Sandra me ha dicho lo mismo que tú, no quiero dejarlo con nadie.

–Ya, hijo, pero sabes que...

–Sí, sé que os jubilaréis pronto, y que tendréis tiempo para dedicarle. Que os apetece tenerlo y que incluso os vendrá bien, pero es que Cross es muy fuerte, no me fío de que no os tire un día al suelo a ti o a papá. Aún le queda mucha fuerza.

–Bueno, hijo, tú tienes la última palabra y la vamos a respetar, pero yo pienso igual que tu madre. Quiero que sepas que también puedes contar conmigo.

–Gracias, papá. Lo sé.

–Y tú, María José, ¿opinas igual que Antonio y yo?

–Sí, yo le comenté la posibilidad de quedárnoslo nosotros, y Toni y yo nos ocuparíamos de él mientras Mario se ocupa del nuevo, pero él tampoco quiere. Igual que vosotros, respetaré su decisión.

–Bueno, ahora callaos, que Toni ha quitado la tele y viene hacia aquí.

Escuché entre sueños cómo mi amo pronunciaba el nombre de mi amigo y hermano Toni. Me desperté dando un respingo e incorporé la cabeza; Toni entraba en ese momento por la puerta del salón. Venía frotándose los ojos y bostezando y se fue directamente a los brazos de su madre, pero mientras tanto me miraba a mí de reojo. Yo le correspondía con un rítmico movimiento de rabo, y su madre le dijo algo al pequeño en voz muy baja.

–Hijo, ¿por qué no te vas un ratito con Cross a la habitación de papá y allí te tumbas, que tienes cara de sueño?

–Es que me he dormido viendo los dibujos. Nada más hemos... nada más he terminado de merendar, me ha dado sueño, pero vale, si Cross quiere, nos iremos para allá. ¿Puedo jugar con los juguetes de cuando papá era pequeño?

Toni me estiró del collar y me llevó a la habitación. Cerró la puerta tras de sí y se descalzó.

–Cross, tengo que hablar contigo de una cosa: me temo que los mayores están tramando algo, algo que no sé bien lo que es pero que tiene que ver contigo. ¿Te has dado cuenta de que cada vez que están juntos nos echan a los dos? No permiten que escuchemos sus conversaciones. Nuestros *papases* están muy extraños últimamente, están como tristes, como si algo malo fuera a ocurrir. Tenemos que averiguar lo que es. Pero ¿sabes? Yo tengo algunas sospechas, creo que te quieren llevar a algún sitio para siempre, y tú y yo no lo vamos a permitir. Yo te ayudaré, amigo mío, yo te ayudaré. Igual que tú siempre me has protegido desde que era un bebé, yo te pienso proteger ahora, que estás más viejito. No te va a ocurrir nada, ya verás, quiero que estés seguro de ello. Convenceremos a mi padre y a quien haga falta, y si fuera necesario nos escaparemos de casa. Yo puedo llenar la mochila del cole con bocadillos y galletas para mí y con pienso para ti, y como seremos libres te podré dar las galletas que quieras. Conozco un parque grande que hay cerca de mi colegio, allí podremos vivir y todo, no nos faltará de nada. Así que tú estate tranquilo.

Toni me estaba hablando muy efusivamente mientras me acariciaba la parte superior de la cabeza. Yo, con la boca abierta y la mitad de mi lengua colgando, no paraba de jadear. Él se pegaba cada vez más a mi cara para hablar conmigo.

Todo lo que me decía yo ya lo sabía, la energía me lo había dicho. El ambiente ya me lo había delatado días atrás.

–Por cierto, Cross, el aliento te huele muy mal. Te huele a aceitunas podridas con *pescao* pocho. Te tienes que lavar los dientes más a menudo.

En ese momento entraron en la habitación Mario y María José, y él me puso la correa y el arnés. Después nos despedimos de sus padres en la entrada de la casa, la madre abrazó a mi amo y le dio diez o doce besos sonoros. Lo curioso es que parecía que se quería zafar de ella.

12

Volver

HABÍA MUCHO JALEO en aquel restaurante. Mujeres y hombres uniformados pasaban apresurados de un lado a otro con las manos llenas de platos con comida o con restos de lo que les había sobrado. Había mucha mezcla de olores, y de buena gana hubiera enganchado yo a una de esas personas de la pernera del pantalón para provocar que se le cayera el plato y ponerme hasta las trancas de comida.

Como siempre, yo estaba debajo de la mesa, una mesa grande preparada con seis sillas, pero cinco de ellas vacías. En la otra se encontraba Mario.

–¡Camarero! Póngame otro vinito y esté atento, por favor, por si llegan mis compañeros para indicarles cuál es la mesa.

–Usted no se preocupe, que estoy atento y he dejado más espacio entre las sillas para que quepan bien todos los perros. Aquí estamos para servirles. ¿Le ha gustado ese *vinico*? Es de mi tierra, Albacete. Se bebe poco por aquí, pero es muy bueno, y en cuanto a calidad-precio de lo *mejorcico* que hay. Además, ahora le pondremos una *miaja* de queso manchego que le irá muy bien al *vinico*. Y si los perros necesitan algo, agua o lo que sea, ustedes lo van diciendo.

A través de la cristalera del restaurante vi la figura de alguien más que conocido, pero aquello no podía ser, pensé. Yo recordaba aquella cara algo diferente, pero sin duda era él. Tardé en reaccionar.

–¡Oiga, jefe! ¿Es aquí donde han *quedao* los ciegos y los perros?

–Sí, un segundo, por favor, no se mueva que ahora lo acompaño a la mesa donde lo espera su compañero.

Julio y Kem vinieron hacia la mesa del brazo del camarero. Aquel simpaticote humanoide seguía manteniendo sus cualidades, aunque su rostro estaba muy cambiado, ya estaba surcado por numerosas arrugas, y su pelo era bastante más escaso, pero, pese a estos cambios, seguía reflejando su nobleza. Nobleza que el tiempo no había logrado surcar ni hacer escasear en él.

Yo me levanté a olisquear el trasero de mi viejo amigo Kem. Todo el mundo nos miraba, y se hizo un gran silencio en el restaurante. Mario y Julio se dieron un abrazo, y este mismo ritual se fue repitiendo con la llegada de nuevos y viejos amigos perrunos y humanoides.

Juan, Paloma y Mani, Alejandro y Tobi, pero cuando llegaron Miguel y su perro Big el ritual fue diferente. El gigante de Miguel dio la mano a sus compañeros y dos besos a Paloma.

–Oye, Mario, estás ya hecho un hombre –dijo Paloma, que se sentó al lado de mi amo–. ¿Y Cross qué, sentó ya el *cabezo* de una puñetera vez o sigue igual de *locajo*?

–Tú, como siempre tan *fisna*, Palo. Sí, sentó mucho la cabeza, qué remedio. Imagino que igual que los vuestros, ya son ancianitos venerables –contestó Mario.

–Y gracias que aún los tenéis, ojalá pudiera tener yo a

mi pequeño Thor. Es difícil que un perro de éstos pase de diez o doce años.

–Pues sí, es cierto, Juan. Podemos sentirnos todos contentos de la suerte que hemos tenido, todos andan ya por esa edad. Cross tiene casi doce, y la más jovencita creo que era Mani, que cuando se la dieron a Palo tenía trece meses, y Cross diecinueve. Te comprendo, Juan. Además, tuvo que ser muy duro para ti, y quiero agradecerte que quisieras venir a la comida.

–No hace falta que me lo agradezcas, Mario. Tenía muchas ganas de veros a todos. Thor vivió muy bien, y yo lo cuidé lo mejor que pude y supe. Cumplió su ciclo vital y punto; ocho años se pasan muy pronto para nosotros, pero el dolor es siempre el mismo, duren ocho o veinte años. Bueno, chicos, que hoy estamos de encuentro y celebración –señaló Juan, remarcando con tono alegre la última frase.

–Bueno, qué pasa. ¿Aquí no se come? ¿Echamos unos chinos? –gritó Julio mientras golpeaba el plato con la cuchara haciendo que los perrunos nos alteráramos y que los humanoides de todo el restaurante se riesen.

Me gustó reencontrarme con ellos. Allí estábamos los cinco perrunos debajo de la mesa mirándonos los unos a los otros, suspirando algunos, pues nuestros amos no nos dejaron jugar.

Ellos comieron, bebieron y rieron mucho, incluso creo que Miguel rio un par de veces, aunque se marchó pronto. El resto se quedó un buen rato hablando. Más tarde, alguien propuso ir al parque. Cuando escuché esta palabra levanté la cabeza y Mani también. Por fin podríamos olernos libremente, empujarnos, jugar a mi juego favorito: a ver quién mea más.

Mis amigos apenas habían cambiado en esencia con el paso del tiempo. Olían algo diferente, eso sí, y el pelo de algunos era ahora blanco. También estaban más formales y comedidos, pero a la hora de soltarnos a los cuatro juntos, en el parque, jugamos con casi las mismas ganas y la misma energía que hacía tiempo tuvimos.

Yo me sentía el anfitrión, y fuimos al parque al que íbamos casi siempre. Me puse, por tanto, al frente de la manada, y allí donde yo marcaba otro venía tras de mí a solapar mi obra. Con quien más jugué fue con Mani. Ella se quedó mirando fijamente el artefacto ese de la rueda. En un principio, pensé que querría saltarlo voluntariamente, pero era una idea estúpida. Pienso que a nadie le gustaría saltarlo.

Tras estar observando el armatoste unos segundos la saqué de sus pensamientos de un cariñoso y potente empujón que hizo que cayera al suelo. Menos mal que Paloma ni se enteró y reía unos metros más allá con Mario y el resto. Al jolgorio de nuestra amistosa pelea se sumó el resto, Tobi y Kem, además de un amigo espontáneo. Un perro negro y grande, muy grande, con cara de bonachón.

Pasamos una magnífica tarde, y cuando nos marchamos del parque, al igual que a la ida, íbamos en caravana: una pareja tras otra formada por perruno y humanoide. La comitiva la cerraba Juan arrastrando su bastón blanco y haciendo un ruido que a todos nos hacía mirar hacia atrás. La gente nos miraba y se daba golpes con los codos, y casi todos sonreían.

Poco a poco nuestros amigos se fueron marchando, y paramos en una calle donde iban llegando coches generosos, los de la raya roja, y éstos se marchaban llevándose a nuestros amigos donde ellos les pidieran. Los últimos fuimos Mario y yo, que nos marchamos en metro.

Desbloquear. Página 3/3. WhatsApp. María José. Campo de edición. Hola, guapa: ya vamos de camino. La comida ha estado genial. Luego hemos ido a soltar a los perros a El Retiro. Cross lo ha pasado pipa. TQM. Enviar.

Ya se había hecho de noche, y las calles parecían estar menos habitadas que de costumbre. Mientras guiaba a Mario a la salida del metro iba recordando los aún cercanos momentos de la tarde de juegos.

Como había bebido mucha agua en la fuente del parque, al pasar por un parterre le hice a Mario que parase para que me dejara hacer un pis.

–Pero bueno, Cross. ¿No has tenido tiempo de mear en El Retiro?

Mientras placenteramente echaba mi chorro en la tierra tenía la mirada fijada en un contenedor de basura que había en frente. La tapa se movió, y al principio, me sobresalté un poco pensando que de allí saldría una rata gigante. Asomó una cabeza humanoide, y el hombre salía del contenedor con la ayuda de una mujer que lo esperaba fuera. Habían sacado varias bolsas de plástico que ahora abrían y rompían para rebuscar en su contenido.

Cuando toda aquella materia se removía un fuerte olor me llegaba al hocico. A los perrunos nos encantan esos olores, pero a los humanoides, no. Por eso los encierran en contenedores con tapa, pero a esos dos humanoides parecía que no les quedaba otro remedio que aguantar aquello. Tenían la cara triste y envejecida y parecía que vivían en un universo diferente. Estaban al margen de la gente que los observaba, pues las personas que pasaban por delante ponían todo tipo de caras. Gestos de asco, de odio, de desprecio, de rabia, de pena, de asombro, de indiferencia. Había de todo.

Yo ya sabía que había perros de ésos, que viven solitarios y abandonados por las calles, y que buscan comida en los contenedores de basura. También incluso había visto alguna rata, son muy rápidas y listas y no se dejan ver fácilmente, pero lo que no sabía era que existían humanoides que necesitaban para comer la basura que otros de su misma especie tiran.

Mario se dio cuenta de la escena, y lo noté en su energía: se puso triste. La mujer, al meter algunas de sus adquisiciones en un carrito que llevaba, se percató de mi presencia. Su vestimenta estaba muy sucia, pero su mirada era muy limpia. Me sonrió y estuvo un rato observándome. Yo comencé a mover el rabo, y los ojos de la mujer chisporroteaban de felicidad al ver mi gesto. Después se marcharon empujando su carrito y su melancolía.

13
A través de tus ojos

–PAPÁ.

–Dime.

–¿Cross no va a volver nunca?

–Hijo, ya te explicamos que él ahora llevará otra vida, una vida más tranquila. No tendrá que trabajar, y estará con otros perritos y podrá jugar.

–¿Y por qué no vamos a verlo?

–Porque no puede ser, hijo.

–Pero ¿por qué?

–Ahora te vas a marchar con mamá al parque, ¿vale?

–¿Por qué no podemos ir a ver a Cross?

–Pues porque él vive allí con sus amiguitos y lo podemos molestar.

–Pero si Cross nunca se enfadaba.

–Ya, hijo, pero... quizá luego se ponga más triste cuando nos marchemos.

–Pues nos lo traemos.

–Déjalo con sus amiguitos. Y ve a lavarte los...

–Pero si yo también soy su amigo.

–Ve a lavarte los dientes y a ponerte los zapatos, que mamá ya se está preparando.

–¿Y dónde está ese lugar?

–Qué lugar.

–Donde vive Cross.

–No lo sé bien.

–¿Pero está en Madrid?

–Creo que sí. Y ahora ve a lavarte los dientes.

–¿Qué pasa, cariño? Te está friendo a preguntas, ¿verdad? A mí me hace lo mismo cuando me pilla sola.

–No hables muy alto, que el pájaro no ha cerrado la puerta del baño.

–Lo echa mucho de menos. No sé cómo reaccionará cuando traigas al nuevo. No lo va a repudiar, desde luego, pero como madre y psicóloga opino lo mismo: la situación es imprevisible.

–Eso nos pasa a todos. Imagina él cómo debe de estar, con la edad que tiene y sin disponer de toda la información. Además de no comprender la poca que tiene.

–Ya estoy preparado, mamá. ¿No te vienes, papá?

–No, tengo que hacer unas cosas.

–¿Qué cosas?

–Del trabajo. ¿Adónde vais, a El Retiro?

–¿Mamá? Te está preguntando papá.

–Perdón, hijo. No, a El Retiro no. Iremos al parque de Arganzuela.

* * *

Menú inicio. Programas submenú. Ms Word. Nuevo documento de Ms Word.

A TRAVÉS DE TUS OJOS

Querido Cross:
En primer lugar me gustaría darte las gracias por todos estos años. Ha sido muy importante para mí poder estar a tu lado, y soy consciente de todos y cada uno de los sacrificios que desde el principio hiciste por mí. Todos fueron involuntarios, pues nadie te dio a elegir.

Nada más nacer te marcaron un destino, un destino aún no prefijado del todo, pero marcado: fuiste elegido para ser un perro guía; más tarde te robaron la sexualidad, el derecho a poder disfrutar de tu natural sexualidad; después te clasificaron para mí, para que fueras mío y estuvieras a mi servicio, a mis órdenes. Nadie te preguntó si querías hacerlo, nadie te preguntó nunca nada.

Entrenaste duro, muy duro, cuando todavía no me conocías. No fue nada fácil, tú eras un cachorro y querías jugar. Tú siempre quisiste jugar, pese a todo te obligaron a aprender. Nadie te preguntó nada. Fue duro, muy duro.

Te habían entregado previamente a una familia, la cual no elegiste. De esa familia yo nunca supe nada. Imagino que tú la estarías algún tiempo recordando, quizá tenían otro niño de la edad de Toni, quizás eran varios... A buen seguro que lloraron cuando te marchaste.

¿Sabes? Fue muy difícil decirle a Toni que te marchabas. Cuando vinieron por ti él no estaba. Seguro que lo sabes, se lo llevó el abuelo.

Yo no tuve valor para entregarte, y por eso lo hizo María José. Todos los años que pasé contigo se prendieron en mi garganta como si fueran fuego en cuestión de segundos. Yo estaba en el dormitorio, y me puse la música alta para no oír la puerta ni tus medallas campanilleando.

Como te iba diciendo, Cross: gracias por todo. Ahora pienso en todos tus sacrificios, aunque siempre lo he hecho.

Me acompañaste a centenares, a miles de lugares. Pasábamos las veinticuatro horas del día juntos, los siete días de la semana. Has sido testigo de todo, absolutamente de todo. Sabes cosas mías que nadie sabe ni sabrá jamás. Es más, sabes tanto de mí como yo de mí mismo.

Los dos conocimos a la vez a la chica que es ahora mi mujer, la madre de mi hijo. ¿Sabes? Viene otro niño de camino. Cuánto me gustaría que lo pudieras conocer algún día, él o ella, aún no lo sabemos, seguro que te conocerá a ti. Le enseñaremos todas las fotos que te hicimos, y le hablaremos de ti: de lo bueno que eres, de las gamberradas que hacías... Le hablaremos mucho de ti.

También viene un nuevo miembro más a la familia: dentro de tres días me marcho a por otro perro guía. No te pongas celoso, ¿vale? Tú siempre serás el primero.

Al nuevo le hablaré de ti también. La gente pensará que estoy loco o gilipollas, pero a mí me da igual. Ellos no saben lo que tú y yo sabemos, que nos comunicamos por la energía.

¿Te acuerdas de cuando yo pensaba en un sitio y tú me llevabas allí sin darte ninguna orden? Eso se lo he contado a algunas personas, supongo que no todas se lo creían, aunque igual sí, pues yo procuraba contárselo a gente que tuviera la suficiente sensibilidad para entenderlo.

Recuerdo el día que lo dejé con Sandra. Tú suspirabas cuando me oías hablar por teléfono con Nico, y que cuando me llegaba algún e-mail de ella te ponías tristón. Sufrías si yo sufría, pero también te ponías alegre cuando yo lo estaba. O nervioso.

Una vez te lo hiciste en medio de una acera en la facultad. Yo salía nervioso de un examen y tú también, por lo que pude ver. Menuda bronca nos echó un profesor.

Has sido testigo de tantas y tantas cosas y, además, muy importantes. Fuiste de los primeros en conocer a Toni tras su nacimiento.

Se podría decir que tú y yo fundamos juntos la empresa que dirijo.

Me acompañaste a firmar mi primer préstamo bancario. Bueno, y antes que ése, a solicitar otro que me denegaron, pero aquel día sirvió de mucho, Cross. Tú lo sabes igual que yo: nos reencontramos con María José. Ella me dice muchas veces entre risas que se enamoró antes de ti que de mí. ¿Y sabes?, aunque parece que lo dice de broma creo que es cierto, pero tranquilo, Cross, que no me importa.

Ayer me aconsejó que te escribiera esta carta. Me había recomendado ya hace tiempo que escribiera sobre ti: un relato, un libro, pero soy economista y tenemos fama de que esas cosas no se nos dan bien. Me dijo que te escribiera a ti directamente, y lo mejor es que no va a hacer falta que te mande nada por correo, que te entregue nada, pues sé que ahora, en este preciso momento en el cual estoy sentado aquí solo, ante mi ordenador, mis palabras te están llegando.

Tú y yo, mi querido amigo, mi querido hermano, estamos conectados de por vida, incluso, me atrevo a decirte, que más allá de la vida. Aquí puedo atreverme a decir cualquier cosa, nadie lo sabrá. Le pondré una contraseña a este archivo y solamente tú y yo, como otras tantas cosas, lo conoceremos.

No he querido preguntar dónde está el lugar al que te llevaron. Disculpa mi cobardía, pero cuanto menos sepa, menos sufro. Disculpa mi egoísmo.

Tú todo lo disculpas, todo lo entiendes y todo lo comprendes.

Hoy, Toni, antes de marcharse con su madre, me ha preguntado muchas cosas. Quiere saber si estás aquí, en Madrid, quiere ir a verte. O traerte a casa. A mí, las dos ideas me gustan. Quizá me decante por una de ellas.

Primero quiero centrarme en el otro perro. Disculpa de nuevo mi egoísmo, tú todo lo disculpas. No puedo prometerte nada, Cross. No sé si será bueno para ti, para mí y para Toni que te visitemos. No sé si será peor o mejor.

Espero que allí te saquen mucho a jugar con otros perros. Imagino que lo más duro serán los ratos de soledad en tu jaula. Aunque siempre te gustó mucho dormir.

¿Sabes? La gente cercana no quiere hablarme de ti. No lo hacen, pues saben que esto dolería, pero la gente menos cercana, alguna del barrio, parece que disfrutan con ello. Siempre están: «Ay, con lo bonito que era. Ay, cómo estarás sufriendo, hijo mío. Ay, pero ¿se ha muerto? Ay, qué solito te ha dejado. Ay, el nene lo echará mucho de menos...». Incluso alguno de esos imbéciles que nos pusieron pegas para entrar en sus establecimientos ahora hacen todo tipo de alabanzas hacia ti.

En ocasiones, imagino que estás a mi lado, pero no lo hago adrede. Es decir: que no hace falta que me esfuerce para sentir en mis dedos tu pelo suave, el sonido de tus suspiros, la humedad de tu hocico.

Es como si estuvieras presente. Noto hasta tu olor. Seguro que a ti te pasará igual conmigo. Tenemos que tener en cuenta que los dos hemos sido uno, durante muchos años. Una unidad funcional, como dicen los expertos.

Quiero que sepas que mi vida cambió desde que te conocí. A mí nunca me habían gustado los animales, aunque en honor a la verdad tampoco me disgustaban, pero sentía cierta indiferencia hacia vosotros. Sin darme cuenta, todo eso cambió de repente. Noté en mí como una llamada del reino animal, y comencé a sentir un gran respeto hacia vosotros.

Ya sé que soy hipócrita o quizá realista. Sería incapaz de hacerle el mínimo daño a cualquier animal, pero sin embargo me los como, dejo que otros los maten por mí. Eso es un tema muy complicado, Cross. Se mezclan conciencia, prejuicios, costumbres sociales y demás.

A un león no le puede dar remordimientos de conciencia cuando mata un cervatillo para alimentarse. Se moriría de hambre, y el remordimiento no tiene aporte calórico, pero ya sabes que los humanos lo complicamos todo.

No sé si matar un animal para sobrevivir es bueno o malo, si está bien o está mal. No sé si obedecer a la Naturaleza en eso que es condenable. Lo que tengo muy claro, Cross, y tengo una profunda conciencia de ello desde que te conozco, es que es terrible hacer sufrir o matar un animal para divertirse.

Hay una costumbre aquí en este país que consiste en matar todos los años un toro clavándole lanzas. Yo siempre lo había visto como un acto bárbaro, pero el primer año que llegaste a mi vida escuché la noticia en la radio y cómo los defensores de los animales relataban el hecho. No pude contener las lágrimas, y tú tampoco pudiste contener un largo suspiro. Te miré y pensaba en lo terrible que sería si alguien por el hecho de divertirse te hiciera a ti lo mismo.

Ese suspiro que soltaste cuando escuchamos la noticia me sorprendió mucho. Tú no entiendes nuestras palabras quizá, pero comprendes e interpretas como ningún ser humano sería capaz de hacerlo nuestras emociones, particularmente las mías.

Me he propuesto que esta carta no sea una carta triste. Tampoco una despedida, pero no puedo pasar por alto el decirte lo mucho que te echo de menos.

Ahora, cuando llego a casa solo o con María José y Toni, cuelgo el bastón de una percha. La misma percha de la que colgaba tu arnés. En ese preciso instante es inevitable no pensar en ti. Recuerdo que cuando te soltaba por la casa tras venir de trabajar o de donde fuese enseguida comenzabas a mover el rabo.

Cuando veníamos de algún sitio en el cual yo hubiera estado reunido con mucha gente y apenas hubiera podido prestarte atención en esos momentos, al llegar a casa y soltarte, siempre te me subías a la pierna llamando mi atención.

Era como si me quisieras decir: «Oye, que estoy aquí, que yo soy el primero. Que ahora quiero todas las atenciones que me debes para mí solito». Yo te las daba. Siempre te las merecías.

En otras ocasiones en las cuales veníamos de caminar, o del parque, hacías lo mismo. Subirte a mi pierna y engancharme, pero esta vez la actitud era como de agradecimiento por el paseo o por haberte soltado por el parque.

Otras veces te ponías tan contento al llegar a casa que enseguida querías jugar, no me dejabas ni quitarme la ropa, ni descalzarme, ni ponerme el chándal o el pijama. Comenzabas a morderme las piernas, los pies y las manos. Siempre con cuidado de no hacerme daño. En ocasiones en las cuales yo no podía o no me apetecía jugar contigo te ataba. Siempre era yo quien elegía.

Has cambiado mi vida, Cross. Has cambiado mi forma de ver muchas cosas. Gracias. Gracias por hacerme mejor persona de lo que era.

Admiro e intento imitar siempre que puedo vuestra manera de actuar ante la vida. Para vosotros no existe el rencor, no existe el odio, ni la tristeza que no sea rápidamente pasajera. Hay gente que se pregunta si los animales tenéis alma; yo diría que no sólo tenéis alma, diría que vuestra alma es más grande, más pura y más noble que la nuestra.

Nunca me has fallado, nunca me has decepcionado, siempre has sido fiel.

¿Sabes? Se dice popularmente que el perro es el mejor amigo del hombre. ¡Qué gran verdad! Y qué gran suerte tiene el hombre pudiendo tener seres como vosotros cerca. ¡Qué gran suerte ha sido tenerte a mi lado estos años!

Bueno, Cross, ahora te voy a dejar, que ha sonado la puerta. Ya han llegado del parque. Otro día, quizá, continúe escribiendo esta carta. Un achuchón muy grande.

Te quiero.

Mario.

Alt f4. ¿Desea guardar los cambios en «A TRAVÉS DE TUS OJOS»?

Sí.

Menú inicio. Apagar.

* * *

–¡Hola, papá! ¿Qué haces aquí?

–Nada, estaba escribiendo una cosa en el ordenador.

–Hemos ido al parque, ¿sabes?, pero a otro. Allí no había una estatua del Demonio que me daba miedo.

–Ah, ¿sí? Pues mejor, hijo. Aunque ya sabes que el *Ángel caído* de El Retiro es sólo eso, una estatua que no hace nada a nadie.

–Pues Nico me contó que dentro de la estatua está el Diablo. Que la estatua está a seiscientos sesenta y seis metros del nivel del mar y que ése es el número de la Bestia.

–Pero hijo, no le hagas caso a Nicolás, que es un bromista.

–Claro, además eso es mentira, pues en Madrid no hay mar.

–Anda, pequeñajo, qué menudas cosas tienes. Además, me han dicho que la estatua es muy bonita.

–Ya, pero me da miedo. Y ahora no está Cross para protegerme.

–Pero estamos tu madre y yo.

–Sí, pero Cross tenía los dientes más grandes que vosotros.

14
Si me quieres escribir, ya sabes mi paradero

LO SÉ TODO, MARIO, lo sé todo. Sé por qué no me miras hoy, siempre lo has hecho aunque no me vieras. Sé por qué habéis estado todos de esta manera tan rara últimamente, todos menos Toni.

En tu manera de mirarme estos días atrás, en tu manera de ponerme el arnés, te estabas despidiendo de mí. Te despedías en cada momento, en cada acción. Lo sé todo, Mario.

Ahora estás inquieto por la casa, no quieres ni rozarme. Sin duda hasta escuchar mi jadeo, mi ruido al beber agua, te duele.

A mí me pasa algo parecido. Aquí estoy, tumbado en el salón, la televisión habla sola. Tú no le haces ni caso, a saber dónde está tu cabeza.

A Toni se lo ha llevado el abuelo, María José no se atreve a sacarte una sola palabra. Teme que revientes, que te mueras de dolor. Ella es la única que me mira y lo hace con miedo; antes ha pasado por mi lado y me ha acariciado la cabeza. Yo no he reaccionado, no he levantado el hocico del suelo. También tengo miedo de que se muera de dolor.

Hay silencio. Mucho silencio. Incluso con el ruido de la televisión encendida hay silencio.

Te suena el móvil, Mario. Bajas el volumen. Escuchas lo que te dice. Vas al cuarto de baño donde está María José. Le dices algo. Ella sale tras unos instantes.

Te diriges a mí, te arrodillas ante mí, coges mucho aire con tus pulmones. Me rodeas con tus brazos, aprietas tu cara contra la mía, un ojo me empieza a escocer. Tú me limpias con una mano la lágrima con la que me has manchado, me dices una palabra, tan sólo una palabra: perdóname.

Te marchas a tu habitación. María José te da un beso en la mejilla, te encierras y a los pocos segundos comienza a escucharse música a gran volumen.

Hasta siempre, Mario. Hasta siempre.

Subió a casa una chica muy sonriente, con una camiseta con el dibujo de un perro. María José hizo lo posible por sonreírle, y le entregó una bolsa en la cual iban unos juguetes míos y mi colchoneta.

La sonrisa de la chica aumentó más aún cuando me miró. Yo comencé a mover el rabo, pero sin entusiasmo: seguía sin levantarme del suelo.

–Vamos, Cross, vamos. ¿No quieres venir conmigo? –me pidió la chica mientras se daba palmadas en las piernas.

Yo seguía tumbado, moviendo el rabo pero sin entusiasmo.

Le dijo algo a María José y ésta le entregó mi correa. Al verla me levanté, pero lo hice a medias, quedé sentado. La chica me puso la correa y tiró un poquito de mí. Comencé a andar, pero sin entusiasmo.

No me atreví a mirar el rostro de María José. La chica se despidió pero no escuché que María José lo hiciera.

La puerta se cerró. Se cerró para siempre.

La furgoneta olía a perruno, sin duda allí montaban a menudo seres de mi especie. Me ayudó a subir la chica que vino a buscarme y otra que se bajó de la furgoneta. Cerraron el portón secamente.

Más tarde el portón se abriría de un modo más suave, se abriría igual que se abría otra vida distinta. Olía a tierra, a campo. Se respiraba un aire diferente.

Cuando vi el rostro de las chicas volví a mover el rabo, pero sin entusiasmo.

Me quedé fijamente mirándolas, interrogándolas con mi mirada. Qué hago yo aquí. La incertidumbre no es que me importara demasiado, los perrunos somos supervivientes. Lo que me paralizaba era el desconcierto.

La despedida fue dura, claro que fue dura. El viaje, aunque corto, igualmente duro y desconcertante, pero lo que más largo se me hizo fue la soledad de la jaula. Teniendo allí toda la calma, todo el tiempo y todo el silencio, la situación era idónea para pensar, pero también para todo lo contrario. Para no pensar. Para estar y sentirse paralizado.

No tenía miedo, no. Ni frío ni calor. Estaba paralizado y punto.

15
Cross y yo

HOLA, CROSS,
Me ha dicho mi papá que te escriba esta carta. No sé, creo que está un poco tonto. O a lo mejor, como es ciego, se piensa que los perros sabéis leer. De todos modos yo te la escribo. Lo que no sé es qué tengo que hacer luego con ella. Mi mamá dice que la eche a un buzón mágico. No sé si eso existe. Por aquí cerca de la casa hay uno de color amarillo, igual es ése. Tú también lo conoces pues un día te vi levantar allí la patita y mearte en él. Igual es mágico desde entonces.

Te estoy escribiendo con un boli, es de muchos colores. A mí me gusta más escribir con lápiz pues se borra mejor, pero es que este boli es muy chuli, tiene arriba del todo un muñequito con un perro. Seguro que si lo vieras me lo querrías quitar.

Al otro lado de la hoja te he hecho un dibujo, somos tú y yo. Estamos en el jardín de una casa. Me gusta mucho dibujar casas. Al dibujo le he puesto un título, se llama «Cross y yo».

Ahora que lo pienso, aunque te llegue la carta a través del buzón mágico, tú no podrás contestarme. Entonces tendré que decirles a mis padres que me lleven a verte, así me podrás contestar con ladridos. Ya se lo he dicho varias veces, pero dicen que allí estás tú muy tranquilo y que no hay que molestarte.

Yo te prometo que si me llevan no te molestaré. Te prometo, y no estoy cruzando los dedos, que no te tiraré de las orejas ni nada. Si me llevan me echaré en el bolsillo dos o tres galletas de las mías, de esas que no te dejan comer y que te gustan tanto, pero no se lo cuentes a nadie.

Se me está cansando un poquito la mano, el boli es muy gordo. Voy a coger otro más fino, espera...

Ya estoy aquí. Éste no tiene muñeco ni nada, pero escribe más rápido.

Hablo todos los días con mi papá por teléfono, se ha marchado a por otro perro, pero creo que a ése no lo voy a querer mucho. Se llama Jazz y es un pastor alemán muy grande, dice. Yo lo he visto por el ordenador y no me parece tan grande.

También les he dicho que te traigamos a casa a vivir otra vez, pero tampoco me hacen caso. La casa es grande y podemos vivir aquí todos. Si te traen nos tendremos que hacer amigos de Jazz, eso sí. Así no os mordéis ni nada.

Así los tres podemos cuidar de mi hermanito cuando nazca, pero te digo una cosa, Cross: si no te traen a casa, cuando yo sea mayor y tenga veinte o treinta años, voy a ir a buscarte.

Bueno, ya no escribo más, que se termina el papel.

Adiós, Cross.
Te quiero mucho.

TONI

16

Si me dan a elegir...

ME GUSTAN LAS MAÑANAS. Las mañanas siempre traen cosas nuevas.

Los pájaros con su música comenzaban a aparecer entre los primeros sonidos del día, los aspersores del jardín, los primeros pasos lejanos de los empleados... El fresco de la mañana llegaba a mi jaula. La mañana era fresca. Alguno de mis compañeros lloriqueaban esperando que los sacaran. La mañana era la esperanza.

Yo me encontraba tumbado, estaba fuera de mi colchoneta, de espaldas a la puerta de la jaula. El olor de la tierra y la hierba mojada comenzaba a entrar y acariciaba mi hocico. La mañana era húmeda.

Un empleado silbaba y sonaban ruidos de cubos y grifos, un cepillo rascaba el suelo, los rayos del sol entraban por el ventanuco, calentaban mi lomo. La mañana era limpia.

Escuché una puerta abrirse, al rato cerrarse. La voz de un niño, su risa, sus pasos, después los pasos de dos personas más. Un olor a galleta lejana, a niño, a mujer y a perruno joven. La mañana era dulce. Levanté las orejas, me volví.

Epílogo

«En el rocío de las pequeñas cosas, el corazón encuentra su mañana y toma su frescura».

KHALIL GIBRÁN

ESCRIBIR ESTE TEXTO supone presentar a los lectores la genial figura de un excelente escritor que, además, también cuenta con la virtud de destacar por ser un gran amigo. Aunque pueda parecer poco objetivo, corroboraré con hechos cada una de estas palabras.

Conocer a Emilio es hablar de humanidad, de defensa de los derechos humanos y de sensibilidad. Como buen clásico, igual que Homero y su canto a la vida, Emilio no ve con los ojos porque sabe mirar con el corazón, una característica poco común que lo ha llevado a obtener premios literarios como el premio «Musas de Primavera» organizado por la editorial *El Árbol de Danfi* en la categoría de microrrelatos (2015) y el reciente premio de *Cuento Anade* en su edición de 2016.

Emilio es un extraordinario contador de historias, pues la vida misma es la mayor historia que ha de ser contada. Aunque no tiene la pretensión de aleccionar a nadie, bien es cierto que a nadie su prosa y los temas que vierte en ella le pueden pasar desapercibidos, creando un impacto en lo más profundo de su ser. Destaca por su particular forma de abordar cualquier temática desde un estilo sardónico con el que disecciona la sociedad y las personas que la componen. Su pensamiento es profundo, como muestra su manejo del lenguaje y su ir mas allá de lo literal en lo referente a significado.

Como lectora de todo tipo de géneros han caído en mis manos otros libros acerca del vínculo indisoluble entre seres humanos y animales como parte de un todo, de su todo, respectivamente. Entre los reconocidos, permítanme citar las andanzas del célebre burrito Platero, la naturaleza salvaje que aparece en «He bailado con lobos» y «El libro de la selva», animales que se rebelan con Orwell, animales como los de las fábulas de Esopo y Samaniego, pero de este libro destaco la conmovedora forma de contarlo para quien regale ese amor a los animales. Este enfoque es rompedor y, como Emilio, natural y espontáneo.

En *A través de mis pequeños ojos* se presenta una historia novelada que comienza en el momento de conocimiento de un personaje a otro, del perruno y del humanoide, y de esa estrecha colaboración que va a ligar sus vidas. Narrado en primera persona, permite captar mejor el mensaje del personaje principal. El sorprendente binomio de personajes protagonistas Cross-Mario forma un original conjunto que revela cómo es el periodo de conocimiento, de amoldarse el uno al otro:

> (...) en cuanto a lo afectivo entre un perruno guía y su amo, se crea un sentimiento sólido y recíproco que hace que las dos par-

> tes se parezcan, se quieran y se necesiten tanto que terminan por ser una sola. Lo increíble de esto es cómo dos miembros de distinta especie animal, de proceder tan distinto, puedan llegar a estar tan unidos.

Desde el principio Cross aparece a nuestros ojos lleno de vitalidad y dinamismo, gran observador de detalles en los que parece no reparar nadie, por lo que se posiciona como un transmisor de emociones y pensamientos profundos. Ese carácter travieso y crítico va a traslucir diferentes anécdotas simpáticas donde se aprecian valores como la capacidad del perdón, el respeto, el amor en todos los aspectos, la fidelidad, el sentimiento de pertenencia, el valor de la naturaleza, el equilibrio entre la valorada independencia y la precisa dependencia de ayuda, las artes como la literatura y la música, como vislumbran los guiños a canciones y obras literarias en los títulos de los capítulos, el contraste entre el amor interesado y el dependiente, como muestra este parlamento:

> Los humanoides no saben amar sin apego. Ellos tienen a sus hijos y tienen que saber siempre de ellos. El contacto no lo rompen nunca, romperlo sería ir en contra de su propia naturaleza, de la naturaleza que ellos mismos se han creado para ellos.

Como trasfondo social, entre otros defectos habla de la insolencia del ser humano y de la crítica hacia las personas con escasa empatía que impiden el acceso a los recintos de perros guía, así como de su visión sobre la escasa o nula capacidad de autocrítica, pero la facilidad con la que reseña las faltas ajenas y cómo se escaquea de las propias. En palabras de Cross:

> En raras excepciones el humanoide de las narices se da cuenta y te pide perdón. Rara especie, ¿verdad?

Todo lo relacionado con cada palabra que se transcribe del pensamiento de Cross nos hace formar parte de una empatía colectiva que nos recuerda qué debería ser demostrar que somos seres humanos. Asimismo, en ocasiones aparece lo bueno de nuestra especie: el ayudarse desinteresadamente, aunque se dé poco. Mario supone el símbolo de la bondad, de la empatía, de la afectividad. Sus vivencias nos muestran a una persona cercana, humilde, buscando como todos disfrutar de logros en sus metas personales: su carrera, su profesión, su familia, su propia familia. También es así Jeremy, el instructor que guarda fuertes vínculos con sus pupilos caninos y con quien tanto cariño gasta Cross.

La sinceridad de Mario y su eterno agradecimiento y afecto quedan patentes en esos pequeños gestos que lo hacen ser grande, en su infinita ternura. El género epistolar manifiesta su presencia en esta obra, muestra de gran expresividad y carga emotiva.

Los demás personajes son el reflejo de aquellos amigos que cada quien se va a encontrar en su vida, para bien y para mal. Aunque en mis conversaciones con Emilio le he expuesto mi punto de vista con el que no está de acuerdo (no seré yo quien lo desdiga, él es el creador y sabe en qué o quién se ha inspirado), veo mucho de él en Mario y mucho de Spock en Cross. Sea como fuere, si no los conociera personalmente y sólo hubiera tenido una aproximación a personajes con estas personalidades a través de un libro, sin duda lo habría leído con ganas como ya he hecho y me habría conmovido tanto como ahora, palabra de lectora y palabra de amiga.

Espero que hayáis disfrutado con esta emocionante lectura.

JESSICA GIL GÓMEZ

Agradecimientos

A Lucía Etxebarría, por sus imprescindibles consejos. A Mercedes Castro, por la ayuda en la edición de este libro, por haberme enseñado tanto en tan poco tiempo. A ambas, por hacerme sentir escritor a través de sus amables palabras. A la autora del epílogo, mi gran amiga la profesora de literatura y poeta Jéssica Gil Gómez, a la cual quiero y admiro por encima de lo racional. Mi más profundo agradecimiento por poder contar con ella y con su cálida voz siempre que la necesito.

Esta décima edición de *A través de mis pequeños ojos* de
Emilio Ortiz se terminó de imprimir en Romanyà Valls
de España en enero de 2019. Para la composición del texto
se ha utilizado la tipografía Celeste diseñada
por Chris Burke en 1994 para la fundición FontFont.